总裁管理智慧

高赢利企业总裁商业智慧

杨安 ◎ 著

中国财富出版社

图书在版编目（CIP）数据

总裁管理智慧：高赢利企业总裁商业智慧／杨安著 . —北京：中国财富
出版社，2015.3

ISBN 978 - 7 - 5047 - 5555 - 1

Ⅰ．①总…　Ⅱ．①杨…　Ⅲ．①企业管理—通俗读物　Ⅳ．①F270 - 49

中国版本图书馆 CIP 数据核字（2015）第 026122 号

策划编辑　黄　华	**责任印制**　方朋远
责任编辑　戴海林　吴伊文	**责任校对**　梁　凡

出版发行　中国财富出版社

社　　址　北京市丰台区南四环西路 188 号 5 区 20 楼　　　**邮政编码**　100070

电　　话　010 - 52227568（发行部）　　　010 - 52227588 转 307（总编室）
　　　　　010 - 68589540（读者服务部）　　010 - 52227588 转 305（质检部）

网　　址　http://www.cfpress.com.cn

经　　销　新华书店

印　　刷　北京京都六环印刷厂

书　　号　ISBN 978 - 7 - 5047 - 5555 - 1/F・2311

开　　本　710mm×1000mm　1/16　　　　版　次　2015 年 3 月第 1 版

印　　张　14.75　　　　　　　　　　　　印　次　2015 年 3 月第 1 次印刷

字　　数　198 千字　　　　　　　　　　　定　价　35.00 元

前　言

　　企业文化对经营绩效有重大影响，而企业领导者，更准确地说是企业领袖的素养对企业文化又起着浸润整合的作用。企业领袖的经营理念在当代社会备受瞩目，企业领袖本人也往往成为企业的文化象征和标志。企业是经济组织，归根结底是人的组织，企业领袖的理念、行为的差异，造就了企业经营方式的不同，也造成了企业不尽相同的经营结果。同时，由于企业领袖的个人魅力被迁移到企业品牌中去，他的一言一行也都代表着企业的形象，正因为如此，企业领袖已经成为企业的重要品牌资产。

　　由于企业领袖的象征性、代表性和高关注度，他们在企业经营过程中显得敏感而特殊，可谓"牵一发而动全身"。作为一个企业领袖，身处这样一个重要而特殊的位置，决定了他只有全方位地打造自己，在领导企业的过程中体现出显著的价值，才能成为一个合格的企业领导者，才能在企业的生存与发展中起到"四两拨千斤"的正面功效，反之则很可能威胁、株连企业声誉乃至企业发展。

　　基于这样的认识，为了把握主动、趋利避险，使企业领袖成为企业良性资产和经营助力，《总裁管理智慧》一书深入、透彻地阐释了企业领袖在经营企业过程中所涉及的方方面面。

　　本书展现了企业领袖抓住要务的超凡智慧，阐释了建设团队的核心环节及其领导艺术，指出了资源整合中人才的重要意义和用人策略；同时，揭示了企业领袖的理想与信念、胸襟与视野、情绪与管理、责任与生命、取舍与智慧、感恩与爱心、心态与调整等命题的奥义，全面解析企业领袖能力素质、知识素质、品德素质、心理素质、身体素质等方面的内容构成。此外，还在每一节的篇末设有"杨安谈总裁管理"版块。笔者是香港杨安国际总裁训练机构总裁，提出"企业发展重在安人"的理论风靡全球。篇末设置的这一版块，是笔者对相关主题的阐述，也可以看作是该文主旨的升华，有助于读者加深理解，提高认识。

在当今社会，一个多元领袖的时代已经到来，不单是政治领袖、商业领袖，还有学术领袖、行业领袖、社区领袖等。在这之中，企业领袖已经不属于个人范畴，而是企业整体形象突出而重要的组成部分，因此，掌握企业领袖智慧，借鉴高赢利企业总裁的商业之道，能够切实有效地帮助你在新时代成为企业的"领头羊"。

作　者

2014 年 12 月

目录
CONTENTS

总裁管理智慧一

要务策略，决定成败

企业领导者要为企业的成败负责，企业发展战略的制定以及抓住实施过程中的要务，是企业领导者肩负的重要责任和使命。抓住并解决好企业经营过程中的这些根本性问题，带领企业获得持续发展，需要企业领导者具有超凡的智慧。

　　企业的根本性问题包括：企业愿景和企业战略的设定和制定、企业文化建设、企业团队建设、企业生产监控等，这些都需要企业领导者一肩挑。只有提升综合能力，才能担当如此大任。

设定公司愿景，制定企业战略

在现代企业经营过程中，企业领导者的首要任务就是设定公司愿景与制定企业战略。愿景构成了企业的发展方向，战略是实现愿景的计划，这两项要务需要企业领导者具有超凡智慧。

在实践中，高级管理团队可以帮助企业领导者制定企业规划，投资者可以帮助企业领导者审批商业计划的可行性。但是，企业的发展方向最终还是由企业领导者来定。在这一过程中，企业领导者首先要设定企业的愿景，明确企业的使命，然后规划企业的战略，并在此后的管理中有效保障战略目标的实现。

一、设定企业愿景

企业愿景是企业领导者对企业前景和发展方向一个高度概括的描述。它是企业未来的目标、存在的意义，也是企业之根本所在。它回答的是企业为什么要存在，对社会有何贡献，未来的发展是什么样等根本性的问题。

企业愿景的设定包括两个方面：一是确认企业目的。企业目的就是企业存在的理由，即企业为什么要存在。一般来说，有什么样的企业目的，就有什么样的企业理念。正确的企业目的会产生良好的理念识别，并引导企业的成功；错误的企业目的会产生不良的理念识别，并最终导致企业的失败。二是明确企业使命。企业使命和企业宗旨是同义语，是企业经营理念指导下，企业为其生产经营活动的方向、性质、责任所下的定义，它是企业经营哲学的具体化，集中反映了企业的任务和目标，表达了企业的社会态度和行为准则。

需要指出的是，企业领导者在描绘愿景的时候要注意相关用语，要做到宏大但是可以实现，振奋却又不使人狂热，清晰然而并不琐碎。须知，愿景表达不是单纯的文字概念，而是要坚定不渝地执行下去的理念。这个愿景必须是要坚守而且可行的。

闻名世界的日本京都制陶公司成立伊始，业务发展非常迅速。企业的创办人稻盛和夫经常要求年轻的员工加班，不但每天要加班到深夜，就是星期天也经常不休息。慢慢地，一种不满的情绪在员工之间蔓延。一次加班之后，一群员工在喝酒过后决定用强硬的手段向公司提出要求，并以集体辞职相威胁。第二天，员工提交了按了血指印的抗议书，指明了不满之处，提出了诸如加薪、增加奖金的要求。稻盛和夫虽然没有同意，但是却不得不花费三天三夜做说服工作才使得这批人留了下来。

这件事深深地刺激了稻盛和夫，他陷入了深深的思考：本来以为创立京都制陶是为了让我的技术闻名于世，现在看来，应该还有更为重要的事情。公司究竟是什么？公司的目的和信念是什么？要争取什么？

经过痛苦的思考，稻盛和夫发现：让技术闻名于世其实是低层次的价值观，是次要的事情，经营公司的目的，是为全体员工谋求物质和精神方面的幸福，为人类社会的进步贡献力量。

从此以后，"为全体员工谋幸福，为社会发展贡献力量"成为了京都制陶公司的追求目标，也成了公司共赴的使命。在这个愿景和使命鼓舞下，企业发展越来越大，员工的忠诚度也越来越高。

由此可见，企业领导者要告诉员工的是：我们是什么？我们为什么？我们干什么？这就是说，企业领导者的愿景要能够让员工和企业一起分享对未来的憧憬，让员工对未来有更深的期待，让员工获得一种强大的生命意义感。

二、明确企业使命

企业使命是指企业在社会进步和社会经济发展中所应担当的角色和责任。它是指企业的根本性质和存在的理由，说明企业的经营领域、经营思想，为企业目标的确立与战略的制定提供依据。企业领导者在制定战略之前，必须先明确企业使命。

现代企业的最高使命是其应该具有的社会责任感，要求企业领导者不仅考虑到企业自身的利益，而且要考虑企业能够承担起社会责任。比如，"创无限通信世界"体现了中国移动通过追求卓越，争做行业先锋的强烈使命感；蒙牛乳业给自己的使命是"百年蒙牛，强乳兴农"，"愿每一个中国人身心健康"。

蒙牛乳业总裁牛根生常讲，蒙牛的衣食父母是"三民"，即市民，农民，股民。而其中的农民，是蒙牛"三民情结"中最敏感的一环。蒙牛以化解"三农"问题为己任，不懈打造"奶源圈"。时至今日，蒙牛已与产品市场的亿万公民、资本市场的千万股民、原料市场的两百万奶农，以及数十万生产销售大军，结成了命运共同体，被誉为"西部大开发以来中国最大的造饭碗企业"。

蒙牛成立以来，带动了周边奶农新增奶牛 80 万头，成为农民致富的带头人。这种企业愿景、使命的确立，对蒙牛创造 5 年增长 200 倍的奇迹，起了关键的作用。

由此可见，企业使命与企业愿景相结合，会形成企业独有的品牌主张，能为品牌带来知名度，从而引起消费者的注意。

三、制定企业战略

企业因使命而存在，因愿景而生生不息。而企业愿景和企业使命恰恰是企业领导者制定企业战略发展的重要组成部分。领导者在制定企业战略规划时，必须明确组织的使命，根据使命来制定公司的长期愿景目标和战略规划，再将战略规划详细分解成可以执行的年度、季度、月度战略目标，然后再按照计划分步实施，并且依据具体的情况对战略进行回顾、分析和调整，再实施，直至达成企业的战略目标。

企业领导者在规划企业战略的过程中，如下的几项需要企业注意：

一是以经营使命确定企业战略目标。企业的经营使命是企业为其经营活动所确立的价值观、信念和行为准则。企业无论有多大，无论以何种纽带连接在一起，经营使命的一致性是他们连接在一起的基本要求。因此，明确企业的经营使命是进行战略管理的起点。

企业的经营使命要考虑自身的事业、面对的顾客、企业的职工和股东等各方面的期望，并且通过经营使命使企业领导、职工、顾客和社会公众都能共享所带来的机会、方向、宗旨与成就感。因此，它需要明确一些问题：事业的范围是什么，在竞争性的市场中应达到何种地位，在顾客、社会公众中形成什么样的印象；提供给顾客的产品和服务要求，提供给股东的信任，以及与此相适应的企业特点、风格、产品和形象又是什么样的；组织内部如何树立基本信念；什么是组织应具有的敏锐性、责任感和实现事业的意志力、能力。

二是全面考虑影响企业战略管理目标制定与实施的因素分析。企业能够利用的经营性资源是稀缺的、有限的，如果采用与竞争对手同样的方式经营企业，显然不会产生竞争优势。所以，企业领导者要通过调查和分析，剖析内在和外在的复杂因素，寻找赢利和亏损的关键因素，然后确定正确的战略。

三是实施以经营使命为指导的企业战略管理的举措。首先，选择重点目标为关键点。可以选取对企业战略全局具有决定意义或具有重大影响的重点目标，作为关键控制的目标，及时掌握这些目标的实施情况，发现实施中存在的问题，采取适当措施加以解决，保证这些关键目标的有效实现，并促进企业总体战略的实现。其次，选取重点对策为关键点。实现同一个战略目标一般可以有多项对策，而这些对策的重要程度及对实现战略目标的作用大小是不一样的。只要抓住了其中的关键决策，并切实控制好它们的实施绩效，就可以有效保障总体目标的实现。最后，选择好重点部门、公司或事业部。实施以经营使命为指导的战略管理是企业发展和走向成功的关键。选择对企业经营导向上和经营价值链上最具有影响和扩散效应的部门、公司或事业部作为关键点进行控制，可以最大限度地降低企业的经营风险和提高企业决策的效率。

总之，企业领导者要考虑到在实施战略时与之相关的要点，以保证企业在经济市场中顺利地实施自身的战略。

 杨安谈总裁管理

企业领导者设定的企业愿景，体现了他的立场和信仰；企业领导者所理解的企业使命，包含了企业经营的哲学思辨、价值观以及企业的形象定位；企业领导者制定的企业战略，则是企业愿景和企业使命的展开和具体化，是对企业在经营活动中所要达到的水平的具体规定。

打造企业文化，营造和谐氛围

有人说，企业文化即是"总裁文化"，因为从根本上说，企业文化总是反映了某个企业总裁，即领导者特定的价值观念和领导风格。

打造企业文化是企业领导者的根本任务之一，领导者必须担当好企业文化建设推动者这一角色。为此，应该从以下几个方面考虑：

一、提炼企业核心价值观

企业文化的核心是理念，或者说是价值观体系。这理念不仅要具有时代的特色、行业的特色，更要求带有企业的特色和企业家的个性，因而它不能从书本上抄来，它只能从企业自己的实践，从企业领导者自己的实践中提炼出来。企业领导者必须善于根据企业的发展要求，从实践中提炼出企业的核心价值观。

全国工商联副主席，科创集团的董事长何俊明以过人的魄力，在短短的 10 年时间里，把原本资产 20 亿元的科创发展成为总资产超 400 亿元的百强民营企业，被誉为"中国优秀创新企业家"。他在一次演讲中曾打了一个通俗的比方："一个人的文化水平分为小学文化，初中文化，大学文化。企业文化也是这样，这个企业是一个初中文化，还是一个大学文化，我们通过判断它的文化就知道企业的水平有多高，人才有多少，产品结构怎么样，市场占有率怎么样，这是非常关键的。"

何俊明在谈到建设企业文化时曾坦言："诚信品牌，诚信是每分钟，每秒钟，每一个承诺，每一份责任，这个品牌一旦树立起来，你在市场行业当中，你在我们这个环境当中，你的一言一行，大家就会相信。"

何俊明的这种独特诠释符合当下企业生存的环境和企业健康可持续发展的规律。他对企业文化的重视，使科创的企业文化建设取得了突出成绩，文化品牌成为科创集团的金字招牌，受到了业界和消费者的信任和推崇。这是科创集团最为重要的核心价值观。

二、扬弃旧文化，发展新文化

企业文化的建设，应随着内外环境的变化不断发展和完善。成功的企业管理实践说明，企业领导者要积极推动变革，他们可以通过推行参与管理、加强信息沟通等方式来加速企业成员观念的转变过程。当然，必要时也可以采取强制性措施来推行变革，这取决于外部环境的变化程度。如果外部环境变动剧烈，企业成员一时又难以接受新的价值观念，在这种紧急情况下，企业领导也可以强行变革，以保证企业对外界的适应能力。

众所周知，在市场经济中，发展速度是企业发展的重要指标。然而科创集团董事长何俊明却提出了截然相反的观点："我们的企业发展速度有多快？运气好一点，可能一两年几十个亿了，但是有的公司运气不好，就可能原地不动，但时间一久原地不动的企业家也慢慢强了，速度快的企业家却都没了，因为他没有基础。"

何俊明看似保守的企业发展观念中，实则饱含着一个从市场经济大潮中走出来的企业家的亲身经验。市场很大，但企业应该量力而行，这打的是实事求是的保守战，反映出了他对企业健康持续发展的智慧。

三、践行企业价值观

企业领导者的模范行动是一种无声的号召，对下属成员起着重要的示范作用。工作是由人来完成的，而文化会极大地影响人的行为。一个糟糕的工作场所，必定不会吸引那些优秀的员工。

有一个项目团队为了赶在最后期限之前开通一个多媒体网站，好几个周末都在加班加点。而当网站开通时，公司的总裁正在悠闲地度假，甚至没有打一个电话祝贺他们，因为他认为他的个人生活是不容打搅的。而在团队看来，这位总裁的这种行为表明，他认为自己的个人生活远比他们为了赶进度而牺牲的周末和晚间休息时间重要。下一次，他们可能就不会这么卖力了。即使总裁无意造成这样的后果，他的行为对企业文化的不利影响却是真实存在的。

事实证明，要塑造和维护企业的共同价值观，企业领导者本身就应身体力行，忠实地严守企业的价值观。领导者确定了价值观体系之后，可以通过象征性行为、语言等各种方式表示出自己对价值观体系始终如一的关注，从而使广大员工也跟着来关注价值观体系的实现。

首先是通过象征性的行为。有人谈到象征在管理中的作用时指出，每一个使用象征手法的行动既有实际功效又能收买人心，在这个意义上说，领导也是戏剧艺术家。通用电气公司董事长杰克·韦尔奇还是一个主管经理的时候，他为了表示出对如何解决外购成本过高的问题的关注，在办公室里装了一台特别电话，号码不对外公开，专供集团内全体采购代理商使用。只要某个采购人员从供应商那里争得了价格上的让步，就可以直接给韦尔奇打电话。无论杰克·韦尔奇当时正在干什么，是谈一笔上百万美元的业务还是同秘书聊天，他一定会停下手头的事情去接电话，并且说道："这真是太棒了，大好消息！你把每吨钢材的价格压下来两角五分！"然后，他马上就坐下来起草给这位采购人员的祝贺信。杰克·韦尔奇的这种象征性做法不仅使他自己成了英雄，也使每一位采购代理商成了不同于一般人的英雄。

其次是要天天讲，时时讲。企业领导者要塑造一个价值观体系，必须分秒必争，坚持不懈。如斯堪的纳维亚航空公司的简·卡尔岑以服务至上作为经营的宗旨，从不放过任何一个微小的机会反复强调服务。你从来听不见他谈论飞机，他总是谈论乘客。他非常注意用词：斯堪的纳维亚航空公司不再是"以资产为中心的企业"，而是"以服务为中心的企业"，不再是"技术型或经济效益型公司"而是"市场型公司"。

最后是利用提拔、晋升这种"未被充分认识"的管理工具。领导者最关注什么样的表现，最明确、最清楚的信号就是提拔某个具有该表现的员工，尤其是在发生变革的时刻更是这样。通过管理员工的晋升，大家清楚地了解到领导者所坚持的价值准则和优先顺序。

四、运用让员工保持高效、乐观的方法

一是要清楚团队活动的定位。团队建设活动不能抑制员工的工作积极性，也不能挫伤团队士气。企业领导者应该给予团队成员分享彼此有趣经历、让每个员工都融入到集体的一个机会，而不应该演变为一种带有官僚气息的负担。

二是交流。企业领导者应该与团队的成员进行更多的交流，同时做一个很好的聆听者。团队员工之间的交流以及沟通也是非常重要的。为此，领导应该为他们提供一个工作交流的平台。

三是要留心公司员工之间的冲突。作为一个企业领导者，如果你感觉有些问题，应该在它还没有危及到经营活动之前先解决掉。即使是一个潜在的矛盾都会影响到员工的士气和工作效率。发现问题苗头，领导应该及时坐下来与员工好好沟通，看看问题出在什么地方，倾听员工的需求，然后寻求一个两全其美的办法。

四是欢迎有建设性的批评意见。当员工理解了企业文化后，他们就

会把公司、工作放在第一位，他们会愿意就存在的问题挑战领导，同时提出新的解决办法。领导不要为这些批评而心存芥蒂，而是要欣然接受，并鼓励更多、更好的建议。

五是肯定员工取得的即便是很小的成就。作为一个企业领导者，要对员工做到奖罚分明。当公司业务停滞不前时，领导要第一个站出来指出问题，给员工敲警钟，当公司的业务有了提升，领导也要立即表扬员工所取得的成绩，哪怕是很小很小的成果。要知道员工都是需要被认可的，当他们感到被欣赏时，就会感受到他们在团队中的价值，这样他们会以更大的激情投入到工作中。

随着企业的发展，越来越多的企业领导看到了企业文化的重要性。企业文化作为企业的重要组成部分，可以说是一个企业的命脉所在。一个新时代企业领导，其独特的见解、独到的心得，体现了他的高超的经营智慧。

 杨安谈总裁管理

世界上那些令人尊敬的大企业的企业文化经过内外部环境的打磨，上百年的发展，总结出来的必然都是精髓所在。无论是一个怎样的企业，健康的企业文化，一定有助于在内部形成共同的价值观，并促进企业更好地发展。

建设管理团队，保障企业常青

现代商战之复杂激烈，只有依靠团队的合力才能在竞争中保持优势。一个好的团队对创业成功至关重要。在一家公司里，没有人才，再好的方案也只是纸上谈兵。所以对于企业领导而言，没有一个好的团队，就没有执行力，没有执行力就没有企业经营的成功和持续。

美国的梦之队组建当初，由于成员全部是美国一流的精英球星，所以在和苏联正式开赛之前，梦之队的明星球员"大鸟"曾经夸口："如果我们这个精英组合赢不了这场球，我们都应该去自杀。"然而结果他们却输了，分析原因后他们发现，梦之队之所以失败，是因为梦之队的精英们各自为战，互不服气，个个都想表现自我。他们注重的是个人的"英雄主义"而不是团队合作。

对于团队建设，著名管理学家布鲁斯·塔克曼认为，团队的发展要经历形成期、震荡期、规范期、执行期和调整期。在形成期，每一个人都有加入新团队的经历和感受，激动、困惑、矜持、观望是团队形成期成员的主要特点。在震荡期，团队获得发展信心，但同时也形成了各种观念之间竞争、碰撞的局面，团队成员间、团队和环境间、新旧观念间会出现矛盾，甚至负责人的权威都面临挑战，团队组建初期确立的原则受到冲击与挑战。在规范期，规则、流程、价值观、行为、方法、工具均已建立，人们的工作技能开始慢慢提升，新的技术慢慢被掌握。团队成员之间开始建立起互谅互让互助的关系。在执行期，团队呈开放、坦诚、及时沟通的状态，具备多种技巧，协力解决各种问题，用规范化的管理制度与标准工作流程进行沟通、化解冲突、分配资源，团队成员自由而建设性地分享观点与信息，有一种完成任务的使命感和荣誉感。在调整期，团队完成了自身的目标后可能有三种结果：一是解散；二是组建新的团队；三是因团队表现欠佳而被勒令整顿。

布鲁斯·塔克曼认为，上述五个阶段都是必需的、不可逾越的，每个阶段的工作绩效和团队精神的水平在各个阶段都存在很大差异。进行团队建设，就是要分析团队所处发展时期，了解其特点及规律，对症下药，采用恰当的领导方式，减少团队内耗，降低发展成本，提高团队绩效。

建设团队是企业领导者的根本任务之一。那么，应该如何搭建一支优秀的创业团队呢？

一、明确团队目标

目标是团队的前提，没有目标就称不上团队，因为先有了目标才会有团队。每个团队的组建都是为完成一定的目标或使命。没有目标的团队没有存在的意义，或者说没有目标的团队也称不上是一个团队。

要让团队的每个人都认同团队的目标，并为达成目标而努力的工作。如果团队的思想不统一，你说东他说西，就像人在做思想斗争时会降低行动效率一样，团队思想不统一也会降低效率。团队在做出决策后对目标的认知一定要相同，不能当面一套，背后一套。如果一个团队噪声太多会大大降低团队的效率。在团队内部有观念的冲突是合理的，但在决定面前大家只能有一种声音。

二、确立团队成员标准，选对人上船

团队的目标确定了，就要选择正确的团队成员。应该选择那些认同团队价值观、优势并且能够互补的人来团队工作。价值观的认同很关键，不认同团队的价值观大家就不能实现很好的沟通，也就不可能有效率可言。

另外，并不是所有最强的人组合在一起就能组成一个最强的团队，团队成功的关键在于充分发挥整体优势，这就需要团队中的成员做到优势互补，实现整体大于局部之和。

三、建立好团队内部规则

没有规矩不成方圆，一个团队如果能形成战斗力必须建立健全的游戏规则，如岗位职责、权利的界定，团队成员沟通、交流方式的确立等。这些规则能保证一个团队的正常运行，让团队每个成员的主动性、积极性和创造性发挥出来，使整个团队充满活力。规则是告诉团队成员该做什么，不该做什么。不能做什么是团队行事的底线，如果没有设定底线，大家就会不断的突破底线，一个不断突破行为底线的组织是不能称其为团队的。

规则体现在统一的行动上。一个团队在行动的时候要相互的沟通与协调，让行动统一有序，使整个流程合理的衔接，每个细节都能环环紧扣。

四、在管理方面处理好团队内部的人际关系

良好的人际关系是团队运作的润滑剂。有人说："管理者事业的成功，15%由专业技术决定，85%与个人人际关系和处理技巧相关联。"人际关系的主要特点就在于它具有明显的情感体验色彩，是以自己的感情为基础来建立的。生活中，工作中，我们都会有这样的感觉，不同的人际关系带给人们的情感体验不一样，亲密的关系会使人愉快，而对抗的关系则会让人烦恼。

为了较好地改善人际关系，企业领导要做的是：第一，要理出与他人关系相对紧张的团队成员的名单；第二，要具体分析与谁的关系最为紧张；第三，从利人利己的观念出发，找出其关系存在的障碍；第四，对于个人可以解决的问题，要在自己的范围内设法解决，不能解决的，借助组织的力量，找准时机，寻求解决。

总之，只要能够明确团队目标、按标准选对人、建立好内部规则、处理好人际关系，团队建设就一定卓有成效，实现企业的战略目标。

杨安谈总裁管理

我们不能强调个人的作用，但我们也不能忽略个人的作用。一个好

的团队领导对于建设高效率的团队有着不可替代的作用。一个好的团队领导能充分发挥团队中每个成员的优势，使团队的资源实现最大限度地优化，从而创造出非凡的业绩。

选拔任用贤能，精心选用留人

我国西汉时期著名学者戴圣在《礼记·礼运篇》中说："大道之行也，天下为公，选贤与能，讲信修睦。"意思是说，天下是人们所共有的，把品德高尚、能干的人选举出来给大家办事，人人讲求诚信，培养和睦气氛。这句话表达的是一种大同的理想社会，体现了古人高尚价值观的取向，更是历代执政者治国平天下之大道。

我国古人的智慧是无穷的，而且对后世具有深远影响。上文的"选贤与能"观点，对现代企业领导如何进行人才选拔，就具有重要的现实指导意义。因为在现代社会，选贤任能已经成为企业发展壮大最核心的要素。企业的职能是"整合资源，创新价值，创造财富"。唯有整合吸纳人才资源，才能为企业创造价值。

在现代企业管理实践中，领导者最重要的就是善于选人、用人、留人。在这一过程中，有智慧的企业领导能够树立起强烈的人才意识，善于发现人才、培养人才、集聚人才、服务人才，做到知人善任、唯才是举、广纳群贤。

一、选人能做到德才兼备

有德有才的人毫无疑问要用，是不可多得的人才，也会是企业的骨干和社会的中坚力量，但实际上德与才都同时具备的干部数年不可一遇。由于选人问题事关事业成败、人心向背，领导在选人时，对德与才的矛盾处理要把握好以下几点：

一是有德无才的人不必用，因为大事办不了，小事办不好，既然不是理想的人才，就不要勉为其难；

二是有才缺德的人不可用，不做工作是小事，干扰工作或破坏团结无论如何也无法原谅；

三是品德才能都一般的要用，"十个指头有长短"，选人最忌求全；

四是品德一般才能突出的人要用，要给他任务压力，还要加强对他的监督，这样他就会成为整个集团的左臂右膀；

五是才能一般品德优秀的人要用，有责任心，有正义感，有热情，有凝聚力，这种人是正气形成的主要力量。

从实践操作层面来看，领导要坚持从 3 个方面来选人，即看实绩选人、看作风选人和看大节选人。

看实绩选人，就是要以实绩论英雄，让有为者有位置，无为者无位置，不为者让位置，大有作为者好位置，确实把一些干出了成绩、产生了效益的人选出来。

看作风选人。实干兴邦，空谈误国。不能让光叫不下蛋的鸡沾光，不能让只下蛋不叫的鸡吃亏，能说会道的人表面上有真才实学，但说得好不一定做得好，一定要对那些能干事、干实事、会干事、干成事而不张扬的人委以重任。用一个说大话之人，则浮躁之风益盛；用一个做实事之人，则务实之风倍增。

看大节选人。金无足赤，人无完人。用人不能求全责备，要看大节、看主流，若选十全十美之人，实际上是一个也选不出来，甚至连自己也不能入选。

对于选拔什么样的人才，清代著名政治家曾国藩说："人才靠奖励而得，大凡中等之才，将帅鼓励便可成大器，若一味贬斥不用，则慢慢就会坠为朽庸。"这说明选人有个角度问题，即先看他能干什么，再看他不能干什么，假如颠倒过来就大不一样。其实，识人如辨物，美玉与顽石一看就知分晓，似是而非的赝品能把人难倒，像玉的石头就是珠宝专家也会头疼的。用一君子，则君子竞进；用一小人，则小人群聚。

二、用人能做到恩威并施

选人之后就是用人。如何用人呢？处理好"恩与威"的矛盾，反映了一个领导的用人智慧。

现代管理讲求人格平等，恩与威的运用仍是管理法则中维系人心的主要手段之一。关怀是恩，监督是威。恩是人情味，威是约束力。只施恩不发威，长其骄气，养其弊病；只发威不施恩，挫其锐气，降其热情。如何施恩，怎样发威，是个很难把握的矛盾。这就需要领导者既要当慈母，关怀爱护无微不至；还要当严父，不纵容不庇护。

一是要充分信任，即所谓"用人不疑，疑人不用，且用且疑，心术不正"，敢于压担子交任务。

二是要加强监督，防微杜渐，不高估能力，不低估错误。

三是做了工作要充分肯定，给够面子；犯了错误要认真批评，点明不足。要大胆撑腰，让干部心中有主心骨。

四是要见微知著，不轻易原谅所选之人的小过失、小错误。

恩威并施，有利于开展工作，有利于塑造人才，有利于培养感情。当然，也不能"爱之欲其生，恶之欲其死"。

三、留人能做到人性感化

善于选人用人，关键是要善于留人。留人是从根本上解决人才外流的问题，要不然，"孔雀"依然"东南飞"甚至"西北飞"。要想留人，领导要从以下几个方面入手：

首先是要讲感情，拉近距离。撼人心者，莫先乎情。人是有思想有感情的高级动物，各类人才更是有思想重感情，因此，留人才就必须坚持以人为本，始终如一地尊重人才。假如用得着时是一种态度，用不着时又是一种态度，"招之即来，挥之即去"，长此以往，如何留人？

要从感情上多沟通，多联络，多交心，视人才如己出如手足，满怀体贴，经常关心；要摒弃"门第出身"的观念，打破资历、学历、职称、身份的禁锢，经营管理者是人才，科研攻关者是人才，营销策划者是人才，熟练技术工也是人才，人人都在作贡献，人人就都是人才。要用身边现有人才吸引外来人才，要有爱才之心、容才之量、护才之胆。善于从人格上尊重人才，从思想上包容人才，从感情上爱护人才，会用大才、全才，更要敢用奇才、怪才、偏才，充分信任人才，切实关心人才，真心服务人才，尽力解决各种人才的后顾之忧，把好事办实，把实事办好，让人才有归属感，做到感情留人。

其次是要讲诚信。情感不能代替理智，在财富成为衡量人才成功与否的主要标志之一的今天，不能要求人才只讲奉献，不求回报。

要在坚持不懈地提倡敬业精神、奉献精神的同时，顺应形势，量力而行，提供必要的物质生活条件和优良的工作环境，甚至对人才提供各种额外的优厚条件，吸引人才，留住人才。坚决反对要小聪明，承诺优厚待遇时信誓旦旦，在执行时就低不就高，让人才有种被"要"的感觉；更要坚决反对缺乏诚信、各项优惠政策不及时兑现或变通兑现，甚至打折扣兑现，让人才有被"骗"的感觉。要本着少说空话、多办实事的思想，尽力提高人才特别是优秀人才的待遇，让人才有利益感，做到待遇留人。

再次是要讲修养，营造环境。能否真正地留住人才，并不完全依赖感情的深浅和待遇的厚薄，人才的去留和人心向背、环境优劣有着直接的关系，在很大程度上取决于人际关系的融洽程度和创业环境的好坏。

企业领导者要加强自身的修养，构建和谐企业，形成工作上相互支持、人格上相互尊重、生活上相互照顾、情感上相互关心的人际环境，让人才对同事满怀依恋，对领导满怀依赖，对环境难以割舍，做到环境留人。

最后是不掩才、不轻才、不误才。把人才放到最有可能发挥优势和作用的位置上，舍得花钱培养，为人才进修培训提供方便，搭建人才创业的平台，让其自觉地挖掘自身的才智潜能，不断拓宽做事的空间，充分给予认可，让人才有成就感，做到事业留人。

综上所述，人才是企业发展的重要资源，企业领导者的人才工作的环节就是选人、用人和留人。做好这几个方面的工作，说明你是一个深谙用人之道的企业领袖。

 杨安谈总裁管理

时代呼唤人才，人才推进事业。唯才是用，则人才济济；知人善任，则人尽其才；人尽其才，则事业兴盛。企业竞争的核心在人才，提升企业效益和品位的关键就是领导者要在选人、用人、留人上动心思、下功夫、做实事。

整改生产浪费，严格资源管理

浪费是指没有增加价值的任何活动。比如在一家洗衣机生产厂，他们首先必须将钢板塑造成洗衣机顶部、底面和侧面的形状，这就是增加价值，即通过某种方式改变了材料，使之对生产该机器的下一位操作者有价值。塑造成形的外壳将被运往喷色车间。如果这些外壳到达喷色车间前被折断、损坏，它们便必须被丢弃。这就是浪费，不仅浪费了金属，增加了成本，而且生产及丢弃这些报废部件的时间也被浪费了，还得将它们集中、运输，然后再丢掉。而且还得向外壳生产车间反馈产生问题的原因，这也是在浪费时间，还要比当初就纠正这个错误多花数倍的时间。

浪费的意思还带有更深一层的内涵。工作是由一系列的流程或步骤所构成的，从原始材料开始，到最终产品或服务为止，在每一个流程，将价值加入产品内，然后再送到下一个流程。在每一个流程里的人力或机器资源，若不是从事有附加价值的动作，就是进行无附加价值的动作，这同样是在浪费。

生产过程中的浪费归纳起来大致有 8 个方面：库存浪费，其根源是原料、在制品、成品等超过了制程或客户所需的最合适的量；等待浪费，由于生产原料供应中断、作业不平衡或生产计划安排不当等原因，造成员工无事可做；搬运浪费，由于搬运本身不能产生附加价值，不仅增加了搬运的费用，还可能造成物品在搬运中丢失或者损坏；品质不良浪费，原因是对不良品进行处置时，在时间、人力、物力上的投入及由此造成的相关损失；动作浪费，由于工位、物品、设备等布置不合理，使用工具和操作方法不合适而造成的浪费；过分加工浪费，根源是在加工作业中做了与工序进度及加工精度无关的不必要的加工；制造过多或过早的浪费，其根源在于生产超额完成任务，过多的制造和提前生产而造成浪费；管理浪费，原因在于员工积极性不高，自主管理能力不强，以及管理制度不完善。

有效地改善或消除上述浪费，对生产资源进行严格管控，是一个企业领导的分内之事。

一、消除库存浪费

企业领导应该认识到"库存是万恶之源"，要积极探求必要库存的原因，要合理使用库存规模，降低库存，实现设备布置流水化，合理地安排生产计划均衡化生产。

降低库存是暴露生产现场问题的有效方式，目的是为了发现更多的浪费。尽力将各种生产管理活动都变得"可视化"，用"一望而知"的颜色、形状、位置和独特的"看板"来区别和显示车间内的每一道工序、每一个规格、每一种状况，使所有现场人员在一目了然的环境下迅速发现各种异常和浪费。

例如，车间生产线因故障而停产一个小时，如果目前车间有两个小时的库存量，事情可能不会报告给中高层管理人员。但是，如果车间库存仅为半小时的产量，那么就会发生无法向客户或者后道工序交货的问题，就会造成大混乱。所以，两小时库存可以掩盖停产的问题；而半小时库存就会使问题表面化，就会促使企业尽快采取措施加以改进。

二、消除等待浪费

方法主要是要建立以顾客为中心的弹性生产系统，实施一个流水线生产方式，实现设备小型化、专用化，并简化管理层次，把复杂工作标准化、规范化、简单化，提高工作效率。

例如，一家人数不到 500 人的工厂，因生产线的需要必须补领 10 个 A 料，他们开了一张补料申请单，辗转地经过班长、组长、课长、厂长这几道关卡签署之后，才送到仓库去领料。为什么要经过这么多关卡呢？只因为公司有这样的组织系统。企业为了运作上的需要，总是会成立一些部门与层级。当有事情要处理时，这些层级与部门之间彼此为了留下记录，难免会出现文来文往的程序。但是，如果层级太多，不但会造成作业成本的增加，更会影响到作业时效。

对于等待这个问题，还有这样几个策略需要领导去思考：一是对等待的发生和改善的过程是否都有记录；二是在标准作业中，发生很短的延误时，作业人员可否在互助区域范围内互助，防止等待发生；三是前道工序的零件或材料断档时，作业人员是否空手等待；四是后道工序发生问题、作业无法进展时，作业人员是否空手等待。

三、消除搬运浪费

首先要确定搬运的方法与规则，如路径、时间、内容、量、场所、方法、人等。其次是选定合适搬运工具、搬运车，如型号式样、大小、易用性、维护状况等。最后产品、零件的容器除了特殊情况以外，可以统一规格及体系化，所有箱子都可以按标准码放，易于搬运。

例如，某纺织服装企业在实际作业时间减少的同时，总工时却在增加，原来是工序间的运输工时居高不下。其实，在不可能完全消除搬运的情况下，完全可以重新调整生产布局，尽量减少搬运的距离和次数。比如把4个车间合并成2个，一些半成品的加工由原来在别处加工变成在生产线旁进行加工，从而减少搬运。

四、消除品质不良浪费

例如，有一家企业主要生产出口产品，对品质的要求很高，因此，品质部要求生产部门在制造过程中要自检。但生产部并没有做自检的动作，结果很多品质不良的产品被生产出来，需要大面积地返工。由此可见，领导要求生产部门完成自检动作并做好自检记录，是非常必要的。

制订彻底消除不合格品对策，实行以"现场、现物、现实"为内容的"三现主义"原则，迅速采取措施。不仅仅要及时处置，还要反复问几个为什么，找出真正原因，从原因着手而防止再度发生。生产线设置自动化装置，应用目视管理，只要一出现不合格品就自动停止。

针对产生品质不良的原因，可以采取这样的措施：作业管理包括标准作业指导书、标准作业、标准持有、教育训练；实行全面品质管理；首件检查；取消不良检查，做好源流检查、自主检查和全数检查。

五、消除动作浪费

要区分开人与设备的工作，应用现场 ABC 法，消除作业人员无目的地来回走动的情况，不允许做标准作业规定以外的事情。消除标准作业设定的顺序中来来回回交叉的路线。在难以判断或产生异常的时候，作业人员之间要一起商量解决办法。在生产线作业中，去除取放不需要的物品的动作。在现场检查时，就要注意运用动作经济的原则，改善工作人员的动作，消除动作浪费的现象。

六、消除过分加工浪费

对于习惯性进行的预备加工、试加工、粗加工、前处理加工、后处理加工、修正加工等程序，努力逐渐精简乃至废止。考虑在加工工序之外的其他环节进行检查与包装，如在工序中或者工序的最后进行。

七、消除制造过多或过早的浪费

生产过多或过早都是浪费，但有的企业为什么有很多工序会一而再、再而三地过多与过早生产呢？最大的原因在于我们不明白这是一种浪费，反而以为多做能提高效率，提前做好能减少产能损失，认为不做白不做，机器还不是一样停着，显然这是一种极大的误解。

对此，要对生产计划的制定方法实行标准化，生产过程中，实施严格管理，保证生产计划数和产出数相符合，进行均衡化生产。

八、消除管理浪费

应该具有合理的管理规划，以及相当的预见性，并在工作的推进过程中，加强协调、控制和反馈，从而减少管理浪费现象的发生。应用目标管理的方法，做好时间管理工作，加强基层管理人员管理技能的训练，培育团队精神，增强企业的凝聚力。

管理工作中的浪费一旦在某种程度上被消除，则可能会出现几何级数的放大效应，因此，我们要鼓足勇气，从消除点滴的管理浪费做起，向着经营管理革新的目标一步一步地、坚定不移地迈进。

企业在生产过程中，任何没有产生附加价值的事都是浪费，所以浪费的种类可以无限地补充。企业领导者应该对此有更深更全面的认识，消除一切造成浪费的根源。

杨安谈总裁管理

精益生产方式的思想之一就是要用一切办法来消除、减少一切非增值活动，具体方法就是推行"零返修率"，必须做一个零件合格一个零件，第一次就做好，更重要的是在生产的源头就杜绝不合格零部件、原材料流入生产后道工序，追求零废品率。

提升综合能力，造就合格总裁

按照"现代管理学之父"彼得·德鲁克的管理思想，企业内部管理一般都概括地分为高、中、低三个层级。这三个层级就形成组织的金字塔。在这个金字塔中，基层因为位低职微，只需要"把事做好做正确"；作为管理监督的主体，中层需要指导约束下属"正确地做事"；而高层则需要决定"做正确的事"，需要设定目标和方向，并且营造文化去激励下属追求共同的价值和成就。

在企业管理实践中，我们却经常看到很多基层们都不愿"把事做好做到位"，都是"简单错误常常犯"，中层们也无法"把事管好管到位"，于是，高层们除了谩骂之外，就只能剩下亲力亲为去救火的份了，这就是企业混乱的根源。

表面看，这种混乱的背后是每个人都不去履行自己的职责，是大家都难以"把事做好做到位"，但其根源却在高层，是高层无法让下属主动把事做好，是高层无法设定正确的目标方向，是高层无法营造优势团队文化所致。说白了，就是企业高层不够"高"所致。

那么，企业高层到底应该高在哪里？作为身居高位的企业总裁，应该在道德素质、领导智慧、领导格局三个方面高出常人，这样才能带领企业走向未来。

一、总裁的道德素质

在现实生活中，很多单位并不缺乏人才，有的甚至人才济济，但却面临着发展动力不足的困境乃至被淘汰的结局。究其原因，就在于这些企业总裁普遍缺乏诸如忠诚、敬业、诚实、积极主动等优良品质，而这些正是一名总裁道德优劣的重要体现。

良好的道德素养是一个人的根本。能力弱可以通过实践、师父传帮带、培训来逐步提高，使自己的综合素质得以提升，磨炼自己，先"修身""齐家"后"治国""平天下"，道德差的人，即使能力强，所做的事也不一定对，不一定会有好的结果。而道德高尚的人，无论在哪里都会有好的人缘，好的机会，也就会有好的结果。

对于企业总裁来说，道德就像火车的方向、路轨，而能力就像发动机。如果方向、路轨偏了，发动机的功率越大，造成的危害也就越大。良好的道德比一百种智慧都更有价值。每个人的潜力都是无限的，有什么样的道德，就会有什么样的工作业绩与生命质量。因为人与人之间并没有多大不同，成功者与失败者、卓越与平庸之间的迥异之处正在于道德的高下。

优秀的道德是总裁成功最重要的资本，是总裁最核心的竞争力。具有优秀道德的总裁，总是会时常从内心爆发出自我积极的力量，可以说，好的道德是推动总裁不断前进的动力。

二、总裁的领导智慧

对于总裁的智慧来说，就是战略、谋略、商业模式。作为一个总裁，手中把握的是企业生存、发展的命脉，如果没有过人的智慧，那么他所带领的企业前景必将黯淡。所谓"知识就是力量"，正确地把知识运用到管理之中，并将之转化为力量发挥出来，就需要总裁运用自己的智慧合理地管理和利用资源，使资源发挥出最大能量，为企业的发展服务。

总裁的智慧集中体现在能够发挥众人的智慧方面。古人说："下君之策尽自之力，中君之策尽人之力，上君之策尽人之智。"一个人能竭尽自己的能力去完成一项事业，这是难能可贵的，亦必须要那样去奋斗。如果一个人没有自己的奋斗目标，又不肯付出自己的力量去实施自己的计划，这个人很难事业有成。更为值得注意的是，人的智慧力量是无穷无尽的，尽人之力远不如尽人之智，所以古人已道出了下中上的策略。

犹太人不论是商界或科技界的成功者众多，普遍都具有善于借助别人之智本领。如美国前国务卿基辛格，且不说其在外交工作上的政治手腕，就说他在处理白宫内的事务工作时，就是一位典型巧于借用别人力量和智慧的能手。

基辛格有一个惯例，凡是下级呈报来的工作方案或议案，他先不看，压它几天后，把提出方案或议案的人叫来，问他："这是你最成熟的方案吗？"对方思考一下，一般不敢肯定是最成熟的，只好答说："也许还有不足之处。"基辛格即会叫他拿回去再思考和修改得完善些。

过了一些时间后，提案者再次送来修改过的方案，此时基辛格把它看完了，然后问对方："这是你最好的方案吗？还有没有别的比这方案更好的办法？"这又使提案者陷入更深层次的思考，把方案拿回去再研究。

基辛格就是这样反复让别人深入思考研究，用尽最佳的智慧，达到自己所需要的目的。这不愧为基辛格的一手高招，这也反映出犹太人的一种成功的诀窍。

"好风凭借力，送我上青天。"一个人或一个团体，凡是善于借助别人力量的，均可事半功倍，更容易更快捷地达到成功的目的。

三、总裁的领导格局

清代著名政治家曾国藩在谈到如何将事业做大时，有这样一句名言："谋大事者首重格局。"的确如此。一个人格局一大，哪怕从外表看起来，他似乎一无所有，但胸中却会拥有10万雄兵，这样一来，自然就能征服世界了。难怪有诗云"笔底伏波三千丈，胸中藏甲百万兵"，形容的就是善于造势，善于布局的人。在今天企业在市场经济中成为主角的背景下，任何一个企业总裁都想把事业做得大，但是怎样才能将事情做得大呢？

几乎所有的企业总裁都深知，格局决定结局，态度决定高度。正是企业总裁的格局决定着企业的结局，总裁的思想、精神、气魄决定了企业的高度、远度。

大千世界，芸芸众生，不同的人有着不同的命运。能够左右命运的因素很多，而人生的格局，是其中最为重要的因素之一。人生需要格局，拥有怎样的格局，就会拥有怎样的命运。很多大人物之所以能成功，是因为他们从自己还是小人物的时候就开始构筑人生的大格局。所谓大格局，就是拥有开放的心胸，可以容纳远大的理想，可以设立长远的目标，以发展的、战略的、全局的眼光看待问题。因此，想成就大业的企业总裁，尤其需要高瞻远瞩的视野和不计小嫌的胸怀，需要"活到老、学到老"的人生大格局。

古今中外，大凡成就伟业者，无一不是一开始就从大处着眼，从内心出发，一步步构筑他们辉煌的人生大厦的。霍英东先生就是其中一位，香港著名爱国实业家、杰出的社会活动家、全国政协原副主席等，这是霍英东先生头上的耀眼光环。透过这些光环，我们能够看到一个有着人生大格局、生命大境界的大写的"人"字。

阿里巴巴总裁马云说过："脑子里整天想钱的人成不了企业家。"道理简单，也很深刻。心胸决定格局，眼界决定境界。某种程度上，企业总裁的胸襟和格局怎样，决定了市场能否做大，企业能否做强。

总之，企业总裁并不是天生的，而是后天造就的。如果一个企业总裁能够在道德素质、领导智慧、领导格局3个方面加强修炼，那么他所带领的企业一定能做大做强，他的人生事业也一定能够辉煌。

 杨安谈总裁管理

企业总裁是自己成长起来的，而不是人为制造出来的。企业总裁在实现企业价值的同时更要实现自身的价值，这样企业就会走健康、稳定、快速发展的道路了，总裁也会在成功的企业中获得他们的人生价值和行业声誉，这就是双赢的结果。

总裁管理智慧二

建设团队，扮好角色

在现代企业经营实践中，团队管理是决定企业生存的关键。在一个团队中，领导者居于团队的核心，具有其他团队成员无法替代的作用。团队领导者与其说是一个职位，倒不如说他是一种角色，一种带有多面性的综合角色。

作为团队核心的团队领袖，需要在团队管理过程中打造团队精神，做团队的榜样和标杆，为团队成员创造幸福，为团队成员构建发展空间，更要提升团队凝聚力并使之发挥能量。在这些不同的场合、不同的环境、不同的任务中团队领导者应该出色完成不同角色的扮演。

现代企业团队管理的重要性和艺术性

两人或者两人以上为某一目标而共同努力，就构成了一个团队。有人说，一个好的团队可以达到 1＋1＞2 的效果；也有人说，不怕神一样的对手，就怕猪一样的队友，此时，这个团队恐怕就出现 1＋1＜2 的结果了。让团队的凝聚力可以达到 1＋1＞2，需要有效的团队管理，团队管理好比是团队的大脑，没有大脑，团队就只是一具躯壳而已，达不到应有的效果。

团队的基本组成就是以个人为单位的，人是团队中最重要的资源，人的精神状态、能力、能动性等都会影响团队管理的效率，人是最具思想和灵性的个性动物，对人的管理最重要，也最困难。因此，有效的团队管理其实就是对团队人员的有效管理。这样的团队管理是一门艺术，结局如何，就在于你掌握这门艺术的能力。

古代的朝代更替，也许我们看到的只是某个帝王的圣明或者昏庸，其实某个朝代的统治集团都是一个团队，帝王的圣明或者昏庸，决定了这个团队的实力。比如唐太宗李世民善于纳谏，善于协调部属关系，善于和部属沟通，造就了一支治国有方的有效团队，正因为这样的团队管理，才开创了"贞观之治"的盛世。

在今天这个经济发达的社会，团队管理更是决定企业生存的关键，无数成功的企业和无数失败的企业都为我们揭示了同样一个道理：团队管理的重要性和艺术性。具体来说，体现在以下几个方面：

一、以人为本的管理

以人为本的管理也叫人本管理，它是以人的发展为核心，以个人自我管理为基础，以团队共同目标为引导的管理。

每个人都可以成为一个追求自我实现、自我管理的人，对人的管理就不仅仅是关心人、激励人，而是开发人的潜在能力。马克思在《德意志意识形态》中指出："个人的全面发展，只有到了外部世界对个人才能的实际发展所起的推动作用为个人本身所驾驭的时候，才不再是理想、职责等。"这句话告诉我们，我们应该努力开发团队成员的个人能力，使其全面发展。

个人的自我实现可能会导致团队内目标冲突，从而使团队的最终目标难以实现，有效的团队管理应该使团队成员的个人实现建立在团队共同目标的基础上，才能使团队成员在自我实现的同时，有一定的约束，有方向，有内在的激励力量。因为团队共同目标是团队成员共同认可的，是个人目标与之统一的结果。

日本著名的企业家松下幸之助就是一个成功的以人为本的企业家。在他的企业中，员工可以感受到家一样的温暖，会把他当作自己的家人一样，他们愿意尽自己的全力为松下工作。

著名的微软公司也秉着以人为本的精神。在微软的办公室中，所有人都是平等的，每个人都可以尽可能地发挥自己的能力，正是这样一种模式，才使得微软在竞争激烈的 IT 行业一直保持着强有力的态势。

二、用团队目标激励团队成员

个人目标和团队目标之间有着十分微妙的关系，团队目标不是个人目标的简单相加，而是精神的升华！团队要对所要达到的目标有清楚的了解，并坚信这一目标包含着重大的意义和价值。而且，这种目标的重要性激励着团队成员。

在有效的团队中，成员愿意为团队目标作出承诺，清楚地知道希望他们自己做什么工作，以及他们怎样共同工作最后完成任务。

著名的海尔企业，因为其品质卓越而驰名中外。海尔能有今天的成就，正是因为海尔领导人张瑞敏当年砸掉那 76 台有问题的冰箱，提出了海尔成员的共同目标："如何从我做起，提高产品质量。"在这个目标的激励下，海尔最终成为世界冰箱行业知名企业。

三、有效的沟通

有一项调查显示，许多著名企业的 CEO 都认为他们应该把 80% 的时间花在沟通上，20% 的时间花在处理事务上，他们的确也是这么做的。毋庸置疑，这是有效团队管理一个必不可少的特点。团队成员通过畅通的渠道交流信息，包括各种言语和非言语信息。

此外，团队成员之间健康的信息反馈也是良好沟通的重要特征，它有助于指导团队成员的行动，消除误解。就像一对已经共同生活多年、感情深厚的夫妇那样，团队管理中的成员能迅速而准确地了解彼此的想法和情感。

有这样一个笑话：

营长对值班军官说："明晚大约 8 点钟，哈雷彗星将可能在这个地区看到，这种彗星每隔 76 年才能看见一次。命令所有士兵着野战服在操场上集合，我将向他们解释这一罕见的现象。如果下雨的话，就在礼堂集合，我为他们放一部有关彗星的影片。"

值班军官对连长说："根据营长的命令，明晚 8 点哈雷彗星将在操场上空出现。如果下雨的话，就让士兵穿着野战服列队前往礼堂，这一罕见的现象将在那里出现。"

连长对排长说："根据营长的命令，明晚8点，非凡的哈雷彗星将身穿野战服在礼堂中出现。如果操场上下雨，营长将下达另一个命令，这种命令每隔76年才会出现一次。"

排长对班长说："明晚8点，营长将带着哈雷彗星在礼堂中出现，这是每隔76年才有的事。如果下雨的话，营长将命令彗星穿上野战服到操场上去。"

班长对士兵说："在明晚8点下雨的时候，著名的已经76岁的哈雷将军将在营长的陪同下身着野战服，开着他那彗星牌汽车，经过操场前往礼堂。"

虽然这仅仅只是一个笑话，但其中所包含的深意不言而喻。

四、有效的授权

任何一个团队的目标都需要每个成员共同努力来实现，若只需要一个人就能完成的工作，那就不叫团队了。因此，团队的领导者若能利用好有效的授权，可以使团队成员更有积极性，更能激发工作热情，则整个团队的工作效率和工作热情都会得到不同程度的提升。

权利的授予，并不是简单的给予，还需要在一定的条件下，一定的环境下进行。我们必须对实现团队目标的工作有清楚的认识，什么可以授权，什么不能授权。

有效的授权需要注意几个问题：一是准备充分是有效授权的前提；二是要保证权责的平衡；三是有效授权和合理控制的结合。

五、建立规章制度

俗话说，不成规矩无以成方圆，一个团队也应有一个大家都应该遵循的规章制度。一个强劲的企业领导者首先是一个规章制度的制定者。规章制度也包含很多层面：纪律条例、组织条例、财务条例、保密条例和奖惩制度等。好的规章制度可能体现在，执行者能感觉到规章制度的存在，但并不觉得规章制度会是一种约束。

执行规章制度还有一些考究，记得网上流行一个破窗理论：如果有人打破了一个建筑物的窗户玻璃，而这扇窗户又得不到及时的修理，别人就可能受到某些暗示性的纵容去打烂更多的窗户玻璃。久而久之，这些破窗户就会给人造成一种无序的感觉。这个理论说明，对于违背规章制度的行为，应该及时制止，否则长期下来，在这种公众麻木不仁的氛围中，一些不良风气、违规行为就会滋生、蔓延且难以遏制。

总之，团队管理就像一个人，管理理念就是人的灵魂，整个团队管理都依附于灵魂之上，展开一系列活动。团队目标则是团队管理的大脑，它为团队管理提供决策，为团队管理提供方向。有效的沟通好比团队管理的血液，它流遍团队管理全身，为团队管理提供源源不断的能量。有效的授权则好比是团队管理的四肢，通过有效的授权，团队管理的目标才可以顺利地实施。规章制度是一个附属的判断标准和工作有序进行的保障体系，智能化的机器没有人去操作会自行处理，这是因为植入了固定程序操作的指引系统，而有了制度的团队也是一样。

 杨安谈总裁管理

团队管理是一门高深的艺术，要掌握这门艺术，我们还有很多很多要学。企业领导者应该解放思想，要有多元化的思维。不同的企业，团队的性质也不一样。要量体裁衣建设符合企业内在要求的团队，要灵活变化，别搞一刀切。

团队领袖在团队成长中的角色定位

著名管理学家布鲁斯·塔克曼认为，团队在建设和发展的每个时期、每个阶段的状况和工作绩效都存在很大的差异。团队领袖是团队的核心，是铸就团队精神的推动者，在团队发展的过程中发挥着其他团队成员无法替代的作用。作为团队核心的团队领袖则需要在团队发展的不同阶段扮演好不同的角色，采用恰当的管理方式，才能减少团队内耗，降低发展成本，提高团队绩效。

一、团队形成期的角色定位

团队形成期是指团队初创阶段。这一时期，各个成员尚未形成团队成员的角色意识，对团队及个人发展充满激情和希望，但同时也充满困惑，观望和疑惑是主要的特征。在这个阶段，团队领袖要扮演好团队发展的规划师和团队成长的指导者的角色。

一是团队发展的规划师。团队形成初期，团队成员对团队的发展充满了期待，但同时也充满了对团队如何发展的困惑。作为团队领袖，应着力于团队共同愿景的建立，做好团队发展的整体规划，为团队成员指明方向。为此，要把握好团队成员的激情和希望，充当好团队愿景规划师的角色，并将之转变成团队的共同愿景。共同愿景会唤起人们的希望，共同愿景会改变成员与组织的关系，团队不再是"他们的组织"，而是"我们的组织"。

二是团队成长的指导者。团队领袖是团队的精神领袖，是团队成员的精神导师。尤其是在团队形成期，团队成员充满了困惑，团队领袖应该加强与团队成员的沟通，主动而真诚的沟通会让这一时期的团队成员增强凝聚力。沟通是团队领袖对团队成员进行指导的有效方式，会帮助团队成员清除障碍、理清思路，尽快进入角色。

培训在这一时期显得十分重要。团队领袖要扮演教练或教师的角色，通过言传身教和一系列有针对性的培训，训练团队成员遵守团队目标和规则，将团队理念传递到每一个团队成员心中，使团队成员尽快掌握团队工作所需要的技能。通过培训，使团队成员尽快彼此熟悉，消除沟通障碍，为团队的顺利发展打下基础。

二、团队震荡期的角色定位

震荡期是团队发展的关键阶段，如果团队领袖不能因势利导、力挽狂澜，团队将面临解散的危险。因此，团队领袖要高度重视这一时期团队的建设，扮演好团队环境的协调者、团队情绪的调节者、团队问题的参谋者、团队责任的承担者。

一是团队环境的协调者。团队领袖是组织的代言人，为组织的发展创造良好的发展环境是团队领袖的重要工作。尤其是在团队发展的震荡期，团队内部开始出现这样那样的问题，团队外部也开始面临各种各样的矛盾，团队领袖应当承担起团队环境协调者的角色，当好团队的宣传员和外交家。

在协调内部环境方面，团队领袖应当是宣传员，通过各种方式进一步传递团队理念和团队目标等团队文化，身先士卒直面团队中的问题，以自身的行动为团队成员树立良好的榜样。在协调外部环境方面，团队领袖应当是外交家，负责协调与其他组织的关系，排除各种干扰，争取获得最大限度地支持。

二是团队情绪的调节者。在团队发展的震荡期，团队面临前所未有的挑战，也会对整个团队的情绪产生重大的影响。在这一阶段，团队领袖要主动成为情绪控制的示范者和成员情绪的调节者。一个情绪敏感波动、性格反复无常的领袖，他领导的团队也会像过山车一样忽高忽低，表现时好时坏。

团队领袖必须首先控制好自己的情绪，在面对问题、处理矛盾的时候保持平和稳定的情绪，以积极乐观的态度去解决问题。其次还应该敏锐地掌握团队成员的情绪变化，并培养他们调节和控制情绪的能力。对于一些群体性的问题，应尽早发现，果断处理，在消极情绪开始蔓延之前采取有效措施，调节好团队成员的心态。最后要注意排除影响团队情绪的各种干扰因素，促进团队情绪的良好运作。

三是团队问题的参谋者。培养团队成员独立面对问题、解决问题的能力是团队领袖必须要做的功课。尤其是在团队震荡期，问题不断出现，而团队成员解决问题的能力尚在积累过程中，此时，团队领袖要当好参谋，而不是干涉者和消防员。

团队领袖要避免在出现问题的时候，粗暴干涉成员解决问题的方式和过程或是直接把问题揽到自己身上，亲自来解决问题。这样做的结果只能让团队成员更加消沉，无法摆脱挫败感或是对团队领袖产生依赖，无法独立面对困难，而团队领袖也将一直充当消防员的角色。

四是团队责任的承担者。早在战国时期，韩非子就提出"事在四方，要在中央"，意思是说具体做事情的是地方，中央要把握总的纲领。团队领袖要善于授权，但是在面对责任的时候，要勇于担当，免除团队成员的后顾之忧。

在团队震荡期，在问题和矛盾的凸显期，团队领袖要注意培养团队成员解决问题、承担责任的能力，更重要的是要传递给团队成员这样的信息：一切因对团队发展的探索而带来的失败，有一个人一定会跟他们共同承担，那就是团队领袖。这样的信息会极大地激励团队成员面对困难时的勇气和信心。

三、团队规范期的角色定位

规范期的团队成员之间开始形成共同目标，开始关心团队的成长，注重彼此间的互相协作，工作规范和团队精神开始深入人心。但团队成员仍会对震荡期存在的问题心有余悸，害怕引发矛盾而不敢充分沟通。团队领袖要扮演好团队激励的主导者和团队沟通的垂范者的角色。

一是团队激励的主导者。拿破仑曾经说过，荣誉比鞭子更为重要。马斯洛需要层次理论也指出，每个人都有 5 个层次的需求，即生理需求、安全需求、社会需求、尊重需求和自我实现需求。其中尊重和自我实现是人的更高层次的需求。激励正是这一时期的团队成员最需要的前进动力。作为团队领袖，在团队规范期应当扮演好团队激励的主导者的角色。

团队领袖可以通过充分授权、鼓励参与、实行奖励等方式，提高团队成员的积极性和主动性，使之真正放下震荡期带来的各种问题的后遗症，并产生强烈的团队精神，促进团队的进一步发展。在这个过程中，团队领袖应当善于观察和识别团队成员的需要，根据不同层级不同岗位的团队成员的不同需求，充分发挥激励的作用。

二是团队沟通的垂范者。开诚布公地交流和沟通是团队建设中的重要环节，沟通障碍是团队发展的重要问题。在团队趋于稳定后，团队领袖以怎样的姿态和方式进行沟通，会成为团队进一步发展的关键。

团队领袖在团队发展的规范期，应该加强与团队成员的沟通，关心他们的利益，关注他们的成长。随着团队成员的成熟，团队领袖可以与团队成员一起讨论团队发展中的问题、改进团队工作流程、完善团队工作计划，进一步明确团队发展目标。沟通在这一时期显得尤其重要。团队领袖应首先做出垂范。

四、团队调整期的角色定位

在这一时期，团队呈现开放、包容、创新、有为的局面。这一时期的团队领袖，除了要学会正确授权，当好团队发展的掌舵者，团队成就的分享者，更应该着眼于团队长远的发展，扮演好团队学习的组织者和团队再发展的领路者的角色。

一是团队发展的掌舵者。在这个团队成熟的阶段，团队领袖应当完全放权，充分给予团队信任和权力，要充当团队发展的掌舵者的角色而不再是划桨者。在把握好团队发展大方向、大原则的前提下，团队领袖应当正确授权。团队领袖应当关注预算、进度和业绩等重大问题，具体的事务和细节的问题应当交给团队成员去完成。合理授权、信任下属，会给这一时期的团队带来生机和活力。

二是团队绩效的分享者。团队的成熟会给团队带来成绩、荣誉和利益。在面对团队成就的时候，团队领袖的态度将决定他的魅力和影响力，在整个团队的发展过程中也有着重要的影响。团队领袖应以分享者而不是独享者的角色出现，既充分享受团队成功的同时，也不能忘记团队成员付出的努力，并应努力成为团队利益的维护者，这样，团队的路才能越走越长，团队成员的心才能越聚越拢。

三是团队学习的组织者。团队获得了阶段性的发展之后，团队领袖必须保持清醒，为团队的再发展积蓄力量。团队领袖应当自觉成为学习的典范，也应该成为团队学习的组织者。团队领袖应当积极创造条件，组织开展高层次的培训，鼓励团队成员进一步学习进修，以提升团队竞争力。

四是团队再发展的领路者。判断未来的发展趋势，是团队领袖综合能力的体现。团队领袖不应该满足于团队发展的阶段性成果，而应该未雨绸缪，成为团队再发展的领路人。团队领袖应当以哲学家般的素养，去审视团队在发展过程中的新问题，用发展的充满前瞻性的眼光，综观全局的胸怀，从团队发展的前景着手，来引导团队今天的发展。

总之，在团队发展的各个时期，团队领袖始终是核心和关键。一名优秀的团队领袖要有完善的人格、良好的心态、哲学的眼光、管理的技能，在团队发展的不同阶段扮演好不同的角色，带来团队的成长。

杨安谈总裁管理

团队领袖不仅要伴随团队的成长，还要在这个过程中不断地主动创造、自我超越，提升自己的感召能力，并重视激发成员的潜能和创意，支持、鼓励团队成员完成自己的目标及团队目标，获得真正的共赢。

提升领袖气质，才能打造团队精神

在任何一个团队中，总有某一个人充当着核心的角色，他的言行能够被团队认可，并指引着团队的某一些决策和行动。我们可以把这种人所具备的人格魅力称为"领袖气质"。

领袖气质对团队精神的走向具有重大影响。在商业社会，一切商业行为的顺利实施都需要一支极富战斗力的团队，这个团队通过领袖气质的集结，就会凝聚成一个无坚不摧的创业团队，加上成员对领袖的行为方式的高度认可和理解，往往可以很好地执行其意图。而团队精神就是这样形成的。

领袖气质不是与生俱来的特质，而且几乎没有一个心理学家会认为领袖气质是上帝赋予个体的某种能力。对领袖气质的最好诠释是个体特质的集合，它使拥有领袖气质的人对他人产生影响，诸如激励他人、领导他人、感染他人，或以某种方式影响他人的情感和行为。

管理学界有句名言："一只狼领导的一群羊能打败一只羊领导的一群狼。"这句话说明了领导者的重要性，同时也隐含着团队的力量。那么，如何提升你的领袖气质，并据此打造具有团队精神的"狼"团队呢？下面的这些方面及其要点，相信你可以领悟。

一、凡事沉稳

不要随便显露你的情绪；不要逢人就诉说你的困难和遭遇；在征询别人的意见之前，自己先思考，但不要先讲；不要一有机会就唠叨你的不满；重要的决定尽量和别人商量，最好隔一天再发布；讲话不要有任何的慌张，走路也是。

二、工作细心

对身边发生的事情，常思考它们的因果关系；对做不到位的执行问题，要发掘它们的根本症结；对习以为常的做事方法，要有改进或优化的建议；做什么事情都要养成有条不紊和井然有序的习惯；经常去找几个别人看不出来的毛病或弊端；自己要随时随地对有所不足的地方补位。

三、具有胆识

不要常用缺乏自信的词句；不要常常反悔，轻易推翻已经决定的事；在众人争执不休时，不要没有主见；整体氛围低落时，你要乐观、阳光；做任何事情都要用心，因为有人在看着你；事情不顺的时候，歇口气，重新寻找突破口，即使结束也要干净利落。

四、大度为怀

不要刻意把有可能是伙伴的人变成对手；对别人的小过失、小错误不要斤斤计较；在金钱上要大方，多做慈善；不要有权力的傲慢和知识的偏见；任何成果和成就都应和别人分享；必须有人牺牲或奉献的时候，自己走在前面。

五、诚信为本

做不到的事情不要说，说了就努力做到；虚的口号或标语不要常挂嘴上；针对客户提出的"不诚信"问题，拿出改善的方法；停止一切"不道德"的手段；耍弄小聪明，要不得；计算一下产品或服务的诚信代价，那就是品牌成本。

六、勇于担当

检讨任何过失的时候，先从自身或自己人开始反省；事项结束后，先审查过错，再列述功劳；认错从上级开始，表功从下级启动；着手一个计划，先将权责界定清楚，而且分配得当；对"怕事"的人或组织要挑明了说。

七、勤于自查

检查一下日常的日程安排，看看是否花了大量的时间在某些与共同理念不一致的事情上面；把共同的理念视为计划每周日程的基础；让理念指引你，而不是依靠老习惯或总是保持现状；常回顾你曾处理的关键事件；查查你的留言簿和电子邮件。

总之，要提升领袖气质，既要练内功，也要练外功。只要做到沉稳、细心、有胆识、大度、诚信、担当、自查，就能够行之有效地提升领袖气质，从而打造你的团队精神。

 杨安谈总裁管理

如同其他施加影响的策略一样，一个主要的因素是个人魅力。它使得施加影响的策略产生更大的力量。这意味着以你个人魅力和领袖气质影响他人，他们更有可能加入你的联盟。

树立礼仪形象，做团队的标杆和榜样

"其身正，不令而行；其身不正，虽令不从。"这可见古人早已注意到了领导者自身形象对组织成员产生的重要影响作用。领导形象是其有效实施领导行为的"无形资产"。在领导团队的过程中，领导者好的形象能够使团队其他成员相互尊重、认可和佩服，是领导者在团队成员中公开树立的形象标杆，是团队成员的标志和榜样。

好形象是一种优秀文化和习惯的展现，领导者在抓企业"形象工程"的同时，也要抓自己的"形象工程"，而在这个过程中，礼仪形象能够给人以最直观的感受。良好的个人礼仪形象在于修炼，那么领导者如何进行礼仪形象的设计与规划呢？

一、真诚待人

社会礼仪虽然是出于工作的需要，但并非是摆样子给人看的，公关礼仪之可贵处在于通过形式表现出主人的真诚、朴实。

真诚待人，礼仪就会是促进事业活动顺利进行的重要条件，反之，虚伪、矫揉造作的礼仪只能让人感觉难受，也就谈不上对事业活动的帮助了。

二、谦虚谨慎

谦虚谨慎、戒骄戒躁，是一个人应有的美德，也是一个领导者必备的品格。要对所有的团队成员一视同仁，待之以礼，待之以诚，友好共事。

只有谦虚待人者才能获得对方的好感和信任，而骄傲自大、粗鲁无礼，则会招人反感，两种态度造成的事业活动的成败也自然在预料之中了。

三、礼节适度

领导者在事业活动中，交往的环境、对象等条件有时是很不相同的，因此，社会礼仪的运用也要根据情况，区别对待，其中很关键的一条就是如何注意分寸，把握住适度的原则，在内容与形式的统一上选一个恰当的结合点。

领导者应在事业活动中妥善地运用礼仪，并因时、因人、因地而加以变化，使之更好地服务于事业活动，但绝不能为了讲求礼仪，无原则地妥协退让。

四、服饰仪表

服饰美、仪表美，是礼仪礼节的重要内容和要求。领导者应注意一下自己的服饰打扮、外在仪表。

注意服饰打扮、外在仪表，并非要求领导者一定要庄重威风，而是说在公共场合和公共活动中，不管穿什么衣服，梳什么发式，外表怎样装饰，都要清洁、整齐、庄重、自然、质朴，给人以一种良好的印象。同时，在任何场合、环境下，自己的衣服、仪表和身份都要与之相适应，尤其在庄重场合和外事活动中更应如此。

五、言谈举止

领导者的一举一动都可能给人们留下深刻的印象。待人接物，为人处世都反映了领导者自身的修养。领导者既要注重言谈举止的内在实质，又要注意其外在的礼仪礼节，领导者的一举一动、一言一语，都应给人一种亲切、诚实、可信、可靠的感觉。

既不可盛气凌人，目空一切，也不可轻薄俗气，让人鄙视；既不可过分自信，自以为是，也不可自惭形秽，自觉事事不如人；既不可行为放肆，毫无顾忌，也不可谨小慎微，过分拘谨，畏首畏尾；既不可粗言俗语，不拘礼节，也不可滑头滑脑，虚伪不实。还应养成良好的坐、行、食的姿态，以及卫生、沟通等习惯，避免在这方面的不良举止。总之，无论在什么场合，尤其是外事场合，言谈举止都应得体恰当，落落大方，不卑不亢。

总之，良好的领导礼仪形象是无形的命令，是有形的榜样，是能潜移默化地在团队成员中树立起的领导威信，产生的极大影响力，对团队成员的个体行为起着极大的激励作用。

杨安谈总裁管理

作为一名领导者，其外在形象是非常重要的，这就如同演员出场，给观众留下什么形象将会影响到日后的发展，而领导的外在形象直接关乎领导的个人魅力。

为团队成员创造物心两方面的幸福

物质和心灵，是团队成员幸福的来源。当一个团队领袖人性化地对待团队成员时，会使团队成员获得幸福的心态，因而把经营公司的未来和经营自己的个人幸福紧密地联系起来，为公司的壮大发展全身心地投入。

下面，让我们一起来看看物质幸福和心灵幸福所创造的奇迹吧！

一、物质回报带来的幸福感

团队成员首先关注的是物质的回报，哪里物质回报多，就往哪里去。因为，越多的回报会带来幸福感的增强，心灵的向心力就越大。

克拉克是沃尔玛本顿威尔商店的司机，他于1972年加入沃尔玛之前曾在另一家大公司开了17年车，但他离开的时候只拿到700美元。克拉克加入沃尔玛的时候，公司向他承诺：如果工作满20年，他将至少从"利润分享计划"中获得10万美元。而事实上，到了1992年，克拉克的利润分享数额已经积累到了70万美元。

当别人问克拉克对沃尔玛公司的看法时，他说："我为另一家众所周知的大公司开了17年车，结果离开时只拿到700美元。而在沃尔玛，我得到的却多得多，你们认为我对沃尔玛会怎么看？"

这就是"物质幸福"所带来的结果。当然，物质可以带来幸福，但幸福终要靠心来把握的。

二、马云的心灵幸福管理

"我要快乐！"这是很多员工的心声。在讲究生存质量的现代社会，工作不仅是谋生手段，人们还要从中找到成就，找到快乐！快乐地工作，快乐地生活，才是我们工作的目的。

阿里巴巴创始人马云的亲和是跟他接触过的人对他的一致评价。曾经有一个青年员工告诉记者，马云和所有人都没有距离，这是最让人吃惊的。只要他有时间，就会深入到普通员工中去，跟他们聊天谈心。年终晚会，马云先生还扮过维吾尔族少女与大家一起翩翩起舞。如此快乐的工作氛围是阿里巴巴吸引人的关键。

在阿里巴巴，员工可以穿旱冰鞋上班，也可以随时去马云的办公室，马云说人有一样东西是平等的，就是一天都有 24 小时。不快乐的工作就是对自己不负责任。

从管理的角度来看，员工就是企业的内部客户，必须先服务好员工，让他们感受到心灵的快乐，一想到工作就觉得开心、快乐、喜悦，愿意并且能够在企业的平台上不断成长，在工作中获得超越工作本身的价值与意义。

阿里巴巴创业时期的员工直到今天没有一个人离开。别的公司出 3 倍薪水，员工也不动心。马云不靠高薪留人，却曾自信地说："天下没有人能挖走我的团队。""在阿里巴巴工作 3 年就等于上了 3 年研究生，他将要带走的是脑袋而不是口袋。"

金钱能够留住人却留不住心，因此阿里巴巴每年至少要把 1/5 的精力和财力用于改善员工办公环境和员工培养。

工作的目的不仅仅是生存，而是通过工作有成就感。马云认为，员工工作的目的包括一份满意的薪水、快乐地工作和一个好的工作环境。其中最重要的就是在企业中能快乐地工作。"我们阿里巴巴的 LOGO 是一张笑脸。我希望每一个员工都是笑脸。"

三、稻盛和夫的心灵幸福管理

员工们在心灵感受到幸福的状态下工作，远远要比在情绪低潮的状态下工作更高效。员工因感到幸福而更加热爱工作，因热爱而更加投入工作，这就是管理中越来越备受关注的"幸福经济学"。日本的"经营之圣"稻盛和夫，很早意识到要满足员工在工作中的幸福感，并旗帜鲜明地提出经营的首要基本目的，就是"追求使员工物心两方面都得到幸福"。

作为"心灵经营"的实践者，稻盛和夫开展了企业内部的联谊活动。活动以聚餐会形式每年举办2~4次，有重大庆贺项目时另有增加。联谊会上，干部与员工相互斟酒，互诉心声。在每次联谊活动中，稻盛和夫总是持杯走到大家中间，询问大家工作情况、碰到什么问题，并坦诚地说出自己的看法，为他们努力找到解决办法。联谊会通过谈工作、谈家事、谈人生，使员工在平等和友爱环境中得到放松，化解了很多矛盾。

稻盛和夫把全体员工视为合作伙伴，让所有员工都分得了京瓷股份。他除了按照日本公司的一般惯例，每年冬夏两次定期给职工发放资金外，还在公司经营情况良好的时候，给职工发放临时奖金。而另一项具有重大意义的措施，则是实行"职工股份所有制度"，让每个职工都成为公司的股东。在京陶创立25周年纪念的时候，稻盛和夫还把他个人所有的17亿日元的股份赠予1.2万名员工。有时候，稻盛和夫还把本公司股票，作为对生产中有功劳者的奖励，或替代奖金发给大家。这样一来，京陶的干部和工人大多持有相当数量的本公司股票，公司的发展，股票的升值，就直接意味着职工个人财产的增加。

1985年，稻盛和夫投入所持京瓷公司的股票和现金等个人财产200

亿日元成立稻盛财团，创设了"京都奖"。每年在全球挑选出在尖端技术、基础科学、思想艺术等各个领域取得优异成绩、作出杰出贡献的人士进行表彰，颂扬他们的功绩。由于始终秉持创立时的宗旨，京都奖已经成为与诺贝尔奖匹敌的国际大奖。

稻盛和夫的"心灵经营"让所有的员工都领悟到：公司的发展与自身的幸福紧密相连。

在"以心为本的利他经济学"的指导下，稻盛和夫以"让员工物心两方面都得到幸福"作为己任、"为了人类的发展贡献心力"作为根本目标。他所创办的企业成为日本发展最快、最有影响的企业之一。

事实证明，满足员工物心两方面的幸福，就能让员工获得幸福感的心态会使员工把经营公司的未来和经营自己的个人幸福紧密地联系起来，为公司的壮大发展全身心地投入。一个优秀的领导者，一定要有让员工快乐工作之能，这样才能得其心、创奇效。

 杨安谈总裁管理

任何人长期在严格、压抑的环境下工作，都会逐渐丧失激情和创造力。快乐管理是为了提高团队成员的工作幸福感而提出的一种新的管理模式。只有工作快乐的团队成员，才能为顾客提供最卓越的服务，为企业创造更大的利益。

心理契约，让团队凝聚力发挥能量

凝聚力是基于心理层面的一个概念，它的形成是一系列心理因素、心理行为作用和发展的结果。如果团队成员间存在着一定的心理契约，会让所有成员自觉地调整自己的认知和态度，并在行为上表现出对团队强烈的忠诚度、认同感和全方位的投入，从而最终形成坚不可摧的凝聚力。

团队的凝聚力只是成员之间心理契约良性发展的结果。假如成员对心理契约的理解不一致或故意违约，感觉到心中的契约不能兑现，这时就有可能使心理契约遭受破坏。如果能够有针对性地及时采取措施，在团队内部公开交流和沟通，并在必要时修改心理契约，那么心理契约仍会良性地发展到凝聚力阶段。因此，领导者通过对团队成员的心理契约进行有效地管理，可以促进团队凝聚力的形成，增强团队的稳定乃至提升团队绩效。

从心理契约的角度提高团队凝聚力，应当选择从建立共同愿景、互补团队角色、创建有益的团队文化入手，设计富有针对性的策略。

一、建立团队的共同愿景

形成一个有利于企业成长的团队共同愿景，是维持团队和提高团队凝聚力的最为关键的要求。领导必须首先开发关于未来组织可能的、理想状态的景象，这就是"愿景"。有了它，领导就为组织从现在发展到未来搭起了最为重要的桥梁。建立共同愿景为团队提供了一种重要力量，提供了一种凝聚力，并且还具有扩散效应，即最初在团队建立的愿景，后来会扩散到整个组织，作为人们的共同目标，指导和激励人们的行动和努力方向。

建立成功的团队共同愿景要注意选择以下切入点：

一是关键利益相关者的识别和培养。利益相关者是指那些有能力对这个组织施加影响，甚至影响组织发展方向和经营的人。要理解关键利益相关者的期望并使他们参与到愿景的建立过程中，就要识别所有的内部与外部利益相关者，按重要性程度对他们排序，并将其视作组建团队的依据。

二是理解信息和价值观。建立共同愿景要求获得相关信息，如团队目前的状况、现在的价值观，它通过对周围环境全面的描述来预测将来的情况。在建立愿景过程中，信息发挥着至关重要的作用，特别是在评价一些领域的活力和密切反映那些可能对组织有重要影响的领域方面，团队中每个人都有其特有的优势，能够通过特有的途径接触到不同的信息。

在愿景建立过程中，并不是每个人都采用相同的方法，人们以过去、现在、将来作为起点建立自己的愿景，这取决于个人的时间结构。所有的信息和价值观都是原材料，它们构成了一个平台，在这一平台上，愿景框架得以建立。

三是提高对话的质量。大多数情况下是由团队完成对共同愿景的建立，团队的每一个成员对完成愿景的建立过程都有不同的想法，如有想象力的、循序渐进的、试验性的或探索性的思想。因此，领导者有必要通过对话、交流来影响和协商个人的分歧，建立关系和团队学习的基础是对话，这是一个内部反应过程。

四是适时履行与调整心理契约。要提高团队的凝聚力，心理契约的适时调整是必不可少的一个环节。心理契约的构建是一个动态变化的过程，不同时期心理契约的具体内容是不同的，也就是说团队成员之间的相互期望也是动态变化的，适时地履行并调整团队成员的心理契约，能够消除成员违背心理契约的意识，进而提高团队的凝聚力。

团队成员在团队中的心理契约经历了建立、调整和实现的过程。当一个循环过程结束后，成员又会对团队产生新的期望，这样又建立了一个新的心理契约；同时，在心理契约的实现过程中，应该根据环境的变化对心理契约随时做出调整，直到再次实现为止。这个循环过程反映了成员在团队中的心理变化轨迹，是决定成员工作态度的重要因素，所以能够适时履行并调整心理契约是提高团队凝聚力的关键。

二、注重团队成员角色互补

角色互补有两层含义，一是团队成员个性、技能和经验的异质性；二是团队成员的分工协调，即要在工作角色与团队角色协调的基础上，在协作的前提下努力做到成员的个性、技能和经验等的互补。

每个团队成员都有双重角色，既承担一种工作角色，即在团队内担负一定的责任和义务；又担任一种团队角色，即通过与他人相互作用的特定方式来行事。让团队凝聚力发挥能量，应当注意工作角色配置与团队角色的协调，找到一种令人满意的平衡，才能发挥其最大的优势和效率。而最重要的就是成员之间彼此能够对角色进行沟通，能根据团队角色、根据不同成员的技能和兴趣分配相应的工作角色。团队协作之所以具有如此强大的威力，关键是它能够使各个本来分散的、有不同个性的人结合起来，携手作战，组织成一个有共同目标的、相互协调的整体。

三、重视团队内的文化建设

团队文化是一把"双刃剑"。如果团队文化与团队使命和战略目标一致，它就可以成为企业的宝贵资产，有助于提升团队的凝聚力；但如果团队文化与团队使命和战略目标不一致，则可能成为企业的负累，也可能破坏团队的凝聚力，甚至摧垮团队。这是因为，团队文化一方面可以向人们展示某种信仰与态度，它影响着组织成员的处世哲学和世界观，而且也影响着人们的思维方式；另一方面，良好的团队文化意味着良好的团队气氛，为心理契约的培养提供了有利的土壤，进而有利于增强团队的凝聚力。

重视团队内文化建设，目的在于通过文化来引导、调控和凝聚团队成员的积极性和创造性，使他们能够发挥协作效力，在实现团队目标的同时，使人性、人的价值、人的目标和人的发展也得以实现，就能够真正在成员与团队之间构建起一种动态平衡的心理契约关系。而一旦团队内建立起了紧密的心理契约关系，团队内就表现出强烈的凝聚力。

综上所述，心理契约是团队成员间的一种主观心理约定，其核心成分是双方隐含的、未公开说明的相互责任。心理契约是否能够适时履行，关系到团队的凝聚力是否强大，而团队的凝聚力则与绩效紧密相连，所以说心理契约在团队凝聚力形成过程中具有举足轻重的地位。

 杨安谈总裁管理

心理契约的出现，正是由于个体对于双方责任和信念的认知、对比，才导致个体对组织产生不同的承诺方式和忠诚程度，并最终决定了组织凝聚力的形成与发展。一旦这种心理契约被破坏，团队凝聚力将会被瓦解，甚至导致团队的解体。

打造一支优势互补的"唐僧团队"

《西游记》中的唐僧团队，虽然是虚拟的，但是师徒四人历险求经的故事家喻户晓，成为了中国文化的优秀代表。这个团队最大的好处就是它的互补性：领导有权威、有目标，但能力差点；员工有能力，但是自我约束力差，目标不够明确，有时还会开小差。但是总的来看，这个团队是个非常成功的团队，虽然历经九九八十一难，最后都修成了正果。

阿里巴巴的总裁马云非常欣赏唐僧团队，他认为一个理想的团队就应该有这4种角色。在马云看来，一个坚强的团队，基本上要有4种人：德者、能者、智者、劳者。德者领导团队，能者攻克难关，智者出谋划策，劳者执行有力。

一、德者居上

唐僧团队中的德者是唐僧，他是一个目标坚定、品德高尚的人。他受唐王李世民之命，去西天求取真经，以普度众生，广播善缘。要说降妖伏魔的本领，他连最差的白龙马都赶不上，但为什么他能够承担西天取经如此大任？关键在于唐僧有三大领导素质。

一是目标明确，善定愿景。作为一个团队领导，能够为团队设定前进目标，描绘未来美好生活是必要素质。领导如果不会制定目标，肯定是个糟糕的领导。唐僧从一开始，就为这个团队设定了西天取经的目标，而且历经磨难，从不动摇。一个企业，也应选择这样的人做领导，团队的领导本身就是企业文化的传承者和传播者，只有他自己坚定不移地信奉公司的文化，以身作则，才能更好地实现团队的目标。

二是手握紧箍，以权制人。如果唐僧没有紧箍咒，估计孙悟空早就不听他使唤了。这也是一个领导的必备技能，一定要树立自己的权威，没有权威，也就无法成为领导。但是唐僧从来不滥用自己的权力，只有在大是大非的时候，才动用自己的惩罚权，这对企业领导也是有借鉴意义的，组织赋予的惩罚权千万不要滥用，奖励胜于惩罚，这是领导艺术的基本原理。

三是以情感人，以德化人。最初的时候，孙悟空并不尊重唐僧，老觉得自己的这个师父肉眼凡胎、不识好歹，但是在历经艰险后，唐僧的执着、善良和对自己的关心感化了孙悟空，让他死心塌地保护师父。作为一个团队领导，情感管理也是非常重要的，尤其在中国文化的大背景下。中国人往往是做生意先交朋友，先认可人，再认可事，对事情的判断主观性比较大。所以团队领导一定要学会进行情感投资，要多与下属交流、沟通，关心团队成员的衣食住行，塑造一种家庭的氛围。

二、能者居前

孙悟空这样的员工可称得上是企业最喜欢的职业经理人，这不是因为孙悟空没缺点，很优秀，而是因为他能力很强，但有缺点。这才是企业最应该用的人才。假设一个人能力很强，人缘很好，理想又很远大，这样的人往往不甘人下，或者直逼领导位子，或者很容易另起炉灶。

孙悟空有个性，有想法，执行力很强，也很敬业，重感情，懂得知恩图报，是个非常优秀的人才。但这样的人才如何才能留住他，如何提升他的忠诚度，这要靠领导艺术，靠企业的文化。在《西游记》中，孙悟空被唐僧赶走过两次，第一次是刚刚认识不久，孙悟空打死了几个强盗，遭到唐僧斥责，结果孙悟空一生气，自己走了，但后来在东海龙王那里，看了一幅画，说得是张良3次为黄石老人桥下拾鞋，谦恭有礼，后被黄石老人授予天书，成就了张良传世伟业的故事，老龙王说："你若不保唐僧，不尽勤劳，不受教诲，到底是个妖仙，休想得成正果。"孙悟空一盘算，觉得有道理，自己被唐僧搭救，而且还可以变妖为仙，自己怎么能这么轻率地就走了呢？所以后来他又回到了唐僧身边。第二次被赶走是三打白骨精后，唐僧决意不能留他，悟空无奈，只好离去，但"止不住腮边泪坠，停云住步，良久方去"，可见他已经心系唐僧，一听说师父有难，马上不计前嫌，重新回到团队中去，还要在东海里沐浴一下，生怕师父嫌他。

唐僧用什么方法让孙悟空这么死心塌地？首先得有规矩，得有紧箍咒。规矩是权威，唐僧如果没有了权威，估计孙悟空早不把他放到眼里了。同样地，企业的制度也要有权威，制度的执行一定要严格，不管刚开始推行的时候有多少阻力，但只要坚决执行下去，逐渐就会形成一种氛围与文化，让大家自觉地去遵守。但制度的力量是有限的，制度只能让员工不犯错，但要让员工有凝聚力，与企业同心同德，还要靠情感，唐僧就是靠他的情感管理，用他的执着和人品感化了孙悟空。

没有修成正果的目标和愿景，孙悟空也许中途就回去了；没有师徒的情分，估计孙悟空也不会这么卖命；当然，如果没有偶尔的紧箍咒，也许孙悟空早酿成大错。

孙悟空这样的员工只能是一个好员工，不能成为一个好领导。这是因为，孙悟空最大的乐趣是降妖伏魔，常说"抓几个妖怪玩玩"，这是一种工作狂的表现。他不近女色、不恋钱财、不惧劳苦，在降妖伏魔中找到了无限的乐趣，但是他天性顽皮、直言不讳，经常把玉皇大帝、各路神仙都不放在眼里，注定他无法成为一个卓越的领导。但作为一个团队的成员，有了唐僧，就不需要孙悟空再有领导能力，否则唐僧的地位肯定要受到动摇。这也就是为什么团队成员的选择要非常慎重，要能够优势互补、能力互补、个性互补。

孙悟空的另外一个缺点就是爱卖弄，有了业绩非要在别人面前显摆，而且得理不饶人，这显然也影响了他继续发展的可能。作为一个领导，一定要非常清楚下属的优缺点，量才而用，人尽其才。

三、智者在侧

猪八戒这样的员工，从好的方面看，他虽然总是开小差，吃得多、做得少，时时不忘香食美女，但是在大是大非上，立场还是比较坚定，从不与妖精退让妥协，打起妖怪来也不心慈手软；生活上能够随遇而安，工资待遇要求少，有的吃就行，甭管什么东西，而且容易满足，最后被佛祖封了个净坛使者，是个受用贡品的闲职，但他非常高兴，说"还是佛祖向着我"。更为重要的是，他成为西天枯燥旅途的开心果，孙悟空不开心了，就拿他要耍，有些脏累差的活，都交给他，他虽有怨言，但也能完成。如果没有猪八戒，这个旅途还真无聊。此外，猪八戒的另外一个优点就是对唐僧非常的尊敬，孙悟空有不对的地方，他都直言不讳，从某种程度上也增加了唐僧作为领导的协调和管理作用。

从不好的方面看，猪八戒经常搬弄是非，背后打小报告。另外，在忠诚度方面也差，尤其是刚加入取经团队的时候，动不动就要散伙走人，回高老庄娶媳妇，一点佛心都没有，而且影响了团队的团结和睦。

之所以说猪八戒是个智者，完全是站在当今社会的角度。现代社会，员工的压力都很大，如何做一个快乐的人，就要用到猪八戒的人生哲学了。当然，八戒的人生哲学，只是我们在遇到挫折失败时候的一种自我解脱，不能成为自己的主流价值观。

一是不要过于强求。佛祖说人有七苦，生、老、病、死、怨憎、别离、求不得。每一种苦都让我们伤心欲碎，但我们能否就此一蹶不振呢？当然不能，这就要学习猪八戒的处世哲学了。八戒由仙贬妖，而且还成了猪妖，可谓人生不顺，但他过得很快乐。经理人有时在职位、薪酬等个人发展上不得志，是难免的，要学会解脱，不要过于强求，这是人生一大智慧。

二是不要过于压抑。经理人压力大，上有领导，下有员工，外有工作，内有家庭。工作、生活，有的还要边读书，供房、买车，中国人的压力本来就比较大，所以要学会自己找乐。八戒压抑不压抑？不但没了老婆，自从跟了师傅，就没吃饱过。但八戒很厉害，人家见人参果就吃，见美女就追，见妖怪就打，见地方就睡，这叫活得洒脱。不要过于压抑，也是人生的一大智慧。

有人做过统计，现代女性最想找的老公是猪八戒型的，道理很简单，唐僧太古板，没情调，悟空太机灵，没安全感，只有八戒又幽默，又有情调，还比较实际，是个理想的老公。

四、劳者居其下

如果唐僧这个团队只有他和悟空、八戒3个人，那还是有问题，唐僧只知发号施令，无法推行；悟空只知降妖伏魔，不做小事；八戒只知打打下手、粗心大意；那担子谁挑、马谁喂、后勤谁管？可见一个团队，各种人才都要有。

沙和尚是个很好的管家，任劳任怨，心细如丝。他经常站在悟空这边说服唐僧，但当悟空有了不敬的言语，他又马上跳出来斥责悟空，护卫师父，可谓是忠心耿耿，企业对于这样的人，一定要给予恰当的位置，如行政、人事、质量管理、客户服务等方面。

沙和尚忠心耿耿，他是唐僧最信任的人，是老板的心腹，属于那种有忠诚度但能力欠缺的人才，老板喜欢用，但如果重用、大用，就会出问题。许多企业和团队之所以失败，往往坏在沙僧这类角色上，因为是老板的心腹，他们就会得到相当高的权力、地位，但由于能力有限，又无法担当重任，所以往往会造成企业的重大战略决策失误。

总之，在现代企业管理中，企业领袖通过打造一支优势互补、目标统一的"唐僧团队"，就会使每个人都能发挥自己的效用，形成一个越来越坚强的团队，也一定会取得最后辉煌的成就。

杨安谈总裁管理

　　团队成员的结构越合理，互补性越强，成功性也就越大，这种互补将会有助于强化团队成员间彼此的合作。互补不仅仅要考虑职务之间的关系，最重要的是考虑成员之间在知识上、资源上、能力或技术上的互补性，充分发挥个人的知识和经验优势。

总裁管理智慧三

整合资源，善集众智

现代企业的领导环境日益面临资源稀缺的困境，企业领导者的资源整合能力显得尤为重要。能否继续合理整合，关乎企业的未来走向，也决定着领导者自身事业的成败。

　　要想有效整合资源，首先要避免独断专行，以开阔的心胸和行之有效的方法聚拢人才，打造高效团队，及时合理地进行利益分享。只有这样，企业才走得更远，个人成就才越大。

独断专行的人注定做不了领导者

在森林中，被称为"王者"的老虎走起路来威风凛凛，虎虎生威，更重要的是，它在工作中乾纲独断，不准谁到哪座山上，谁就不敢到哪座山上。由于老虎完全一人说了算，其他动物们只能离他远远的，以至于老虎没有伙伴、没有朋友。这种"高处不胜寒"的滋味让老虎很难受，因为它内心也有苦闷的时候，但却无处诉说。

在人类历史上中，像老虎一样独断专行的领导者不在少数，这给他们的事业带来巨大危害。

三国时期，蜀主刘备为报东吴杀害关羽之仇，不顾诸葛亮、赵云等人劝阻，率领数十万大军顺江东下，夺峡口，攻秭归，屯兵夷陵，夹江东西两岸。在发兵的第二年二月，刘备率诸将从巫峡起，连营扎寨700里直抵猇亭。

东吴孙权任命宜都太守，年仅39岁的陆逊为大都督，抵抗刘备。陆逊兵少势弱，采用避敌锋芒、静观其变的战略，半年时间不与蜀军正面交锋，寻找战机。蜀吴大军在猇亭相持达七八月之久，蜀军兵疲、意志沮丧，为避暑热将营寨移至山林之中，又将水军撤至岸上，采取"舍船就步，处处结营"。陆逊抓住战机，命将士持茅草点燃蜀军营寨，火烧蜀军连营七百余里。蜀军土崩瓦解，死伤数万。

刘备大败后，只好带领残兵败将，由猇亭退到马鞍山，又突出重围，仓皇逃归奉节白帝城，这就是有名的"夷陵之战"。经此一役，蜀汉元气大伤，从此无力问鼎中原。

实际上，"夷陵之战"最主要的原因这就是刘备不听劝阻、独断专行导致了决策性的错误，对于蜀国的打击是致命的，等于亲手葬送了几十年无数人辛苦打下来的蜀国基业，以至于后来的诸葛亮六出祁山打着"克复中原，光复汉室"的旗号，然而在伤了国家根本之后再也难以从愿。

无论一个组织、一个团队，抑或是一个企业还是一个国家，作为领导人，当权力达到一定顶峰后，极易犯独断专行的错误。因为所处的位置和私欲的膨胀，一言堂，搞一个人说了算。然而，只可惜，凡喜欢独断专行的人，一是没有不犯错误的，二是能成就大事者不多，三是往往得不到下属和群众的拥护。

独断专行，表面上看是领导者的强大，实际上是弱智无能的体现。平心而论，是哪些领导者喜欢独断专行，听不进别人的意见呢？恰恰不是那些办事干练、富有智慧的强者，而是头脑简单、经验不足、尚不成熟的弱者。因为弱者的一个显著特征，就是心胸不宽，见识不广，或眼高手低，脑中空空。凡是那些胸怀大志，善于干大事，广纳贤才的人，都不愿意独断专行，而总希望与人广交朋友，广纳良言，尊重伙伴，尤其处处关心和爱护下属，不断征求别人的意见，尽可能把事情做得完美，尽快实现宏伟蓝图、惠及良民。他们自知、自省，遇事与人商量，营造宽松和谐，与人合作处事的氛围。这是古往今来卓越领袖人物一种普遍的特性。

无论在任何时候，任何地点，独断专行的人都是不受欢迎的人。而在企业里，独断专行的人注定做不了领导者！因为这样的人会给企业带来灾难性后果。

一、独断专行容易失掉宝贵的经验和机会

凡为官者，无论所管辖的地域多少，所行使的权力大小，所任职的时间长短，有一点是必须引起共同注意的，那就是你所从事的事业，绝不是属于个人的，而是属于大多数人的。既然是大多数人的事业，就需要尊重多数人的意愿，集中多数人的建议，依靠多数人的智慧，与多数人合作，引导多数人淋漓尽致地发挥各自的积极性，才能把属于多数人的事业干好。仅靠一个人，或仅靠极少数人，是不能出色地干好大多数人的事业的。

在企业中，如果一个领导者长期独断专行，不愿意听取别人的意见和建议，不愿意接近下属或群众，你的重大决策就得不到充分的论证，就吸收不到符合实际的鲜活的经验，就会造成短视，痛失有用之才，痛失良好的发展机遇，你也就谈不上会有什么重大的成就。

二、独断专行会让自己陷入孤立

独断专行，对领导者个人来说最大的灾难是，容易孤立自己，过度耗费个人的精力，既影响工作，又影响身体，很可能大业未成，提前丧命，得不偿失，实为失算。因为，既然你是个喜欢独断专行的人，就不会有更多的人愿意与你合作共事。

与独断专行的领导者共事，一是人难处，二是事难办，三是伤感情，四是没有兴趣。领导者大事小事都由自己干，一言九鼎，从现象上看，似乎这样做很风光，从实质上分析，同事和下属都不敢接近领导，都不愿意接近领导，让领导成了孤家寡人，必然信息闭塞。这样的领导

者连人心都拢不住，还有多少风光和价值呢？所以，那些独断专行、高高在上、孤家寡人的领导者，虽然自己辛辛苦苦，整天累得筋疲力尽，废寝忘食，夜不能寐，但由于失去了民心，做不出显耀的业绩来，终究愧对自己和公司的员工。

三、独断专行最易滋生腐败

"绝对的权力导致绝对的腐败"，一个企业领导者如果以独揽大权的方式来谋求自身及企业的发展，那么，他最终必将作茧自缚。受到不平等待遇的员工，不是选择离开，就是在消极反抗中降低工作效率，企业及其领导者最终只能自食其果。

中国的民营企业家大多集创业者、所有者、决策者和执行者为一身，董事会形同虚设，下级也只能俯首帖耳。这些"家天下"的思想，以及企业家个人价值缺失导致的强烈的价值实现与扩张欲望，才是导致一些知名品牌不断衰落的真正缘由。正如曾经的"巨人"史玉柱所讲"决策权过度集中在少数高层决策人手中，尤其是一人手中，有很多负面影响。特别是这个决策人兼具所有权和经营权，而其他人很难干预其决策，危害更大。"

说到底，权力代表的是身份，是一个人的角色定位。一个真正的企业家的角色定位、本分职责和特殊使命，只能是"为目前的企业创造未来"。创建企业的人不会永久存在，但一个企业总归要追求超出个人或一代人的生命期限而继续存在，创造长久的经济效益，同时也能对经济发展和社会进步作出一定的贡献。所以，企业领导者要做的最重要、最核心的任务就是，使目前已经存在、特别是目前已经取得成功的企业，能够在未来继续存在并取得更大的成就。企业领导者的权力也必须建立在这一基础之上，否则，一切大权独揽，就会经常出现"管理中的大人物在经营企业时取得了辉煌的成就，可他遗留下来的却是一个乱摊子"的悲剧。

古人所说的"修身齐家治国平天下"，其实在企业当中是一回事。领导必须要真正腾出时间用于思考，要学会调动和运用组织里的其他人，必须学会弱化自己。任何一家公司若想要成功，关键在于最高层人员是否能分享权力。高层人员必须把重点放在整个组织的发展上，而非个人权力的扩张。当公司趋向成熟，组织应该变为一个蜘蛛网状，你应该隐在这个网状系统中，成为灵魂人物。虽然弱化了自己，却成就了组织的强大。

谨慎独行，当为任何一个企业领导者自勉！

 杨安谈总裁管理

成功的领导爱民主，聪明的领导爱纳言，成熟的领导爱伙伴，卓越的领导爱群众。作为一个领导者，只要不独断专行，这些方面都能够做得到。

统合众智成大业，重在善用人才

《孙子兵法》中说："上下同欲者胜。"意思是说，只有长官和士兵上下同心才能取得胜利。这句话对现代企业领导者具有一定意义。在企业中，只有上下级之间形成利益共同体，有了心向一处使的基础，通过团结与合作，实现"胜"的目标追求。这一观点，从一定角度道出了企业领导者集合众人力量成就大业的关键所在。

企业领导者不是独行侠，而是集众智以成业的统合者。"统"是统一，"合"是整合，即将各个分散的、单一的力量组织起来，在自己的指挥下，步调一致地完成使命。一名优秀的企业领导者，要想事业有成、人生出彩，并不需什么都懂，什么都会，最重要的是善用"众智"，找到懂得做事的人，并赋予其充分的权力，让其充分地发挥作用，那么即使自己不懂得那些事，也无关紧要，也能取得更大的成功。

历史上，乘人才之功以成其伟业、壮其大业的人比比皆是，其中比较典型的是"五帝"之一的帝尧。他任用舜做司徒、契做司马、禹做司空等，让他们个个都成就了一番事业，他自己也完成了统一天下的大业。为了使农业生产有所依循，他还派羲仲住在东方海滨叫旸谷的地方，观察日出的情况；派羲叔住在叫明都的地方，观察太阳由北向南移动的情况；派和仲住在西方叫昧谷的地方，观察日落的情况；派和叔住在北方叫幽都的地方，观察太阳由南向北移动的情况。这些人个个尽职尽责，出色地完成了自己的任务。帝尧根据他们观测的结果制定了历法，让人们按天时耕作，从而使我国古代出现了飞跃进步的农耕文明。帝尧能用众力、用众智，他本人则严肃恭谨，光照四方，上下分明，能团结族人，使邦族之间团结如一家，和睦相处，因而被后世儒家奉为圣明君主的典型。

帝尧用众人之智，乘人才之功，并没有把别人的功劳记在自己的名下，把别人的成绩当作自己的政绩，而是善于管理人才、任用人才，善于把每个人的潜能和智慧发挥到极致，从而推动了事业的全面发展，创造出看得见的辉煌，使领导者的功业自然呈现出来。现实生活中，有的企业领导者不能有所作为、建功立业，一个重要原因就是不得人心、难得人智，没有做到像帝尧那样善管、善用人才成就事业。

古人云："骏马能历险，犁田不如牛；坚车能载重，渡河不如舟。"即使是千里马、万里驹，置于宫室，使之捕鼠，也不如小狸。那么，如何"统合众智成大业"？关键是善用人才，做到慧眼识才，知人善任。

一、慧眼识才

用才必先识才，识才是为了更好地用才，在现今的改革大潮中，有很多技术过硬、能力强、具有管理和开拓精神的人才聚集在这个时代，期待着领导者的赏识、重用。当然，人才也不尽相同。

人有贤、愚、智，不肖之分，你如何分得出哪是英才、俊才、豪才与杰才。英才是才能为群伦之冠，品德能够怀柔安远，能使不同观点的人达成共识，且懂得取法历史乃至旁人的经验为决策之参考者；俊才是指其行为举止光明磊落，可作为他人典范，具高度亲和力，能得众人之心者；豪才是操守可以鞭负历郡，具高度信心，能安定号召团结力者；杰才则是有所为有所不为，守节不屈，不见利思迁，有可疑之处则追查到底者。

人也有另一种分法，第一种是圣人，品德才能都达到了很高的层次。第二种是君子，品德好且也有才能，相比之下，德大于才。第三种是愚人，无才又无德。第四种是小人，有一定才能甚至有较高的才能，但品德很差，才大于德。圣人很少，君子可用，愚人、小人皆不可用。非常时期，宁用愚人，不用小人。

那么，怎样才能正确认识人才、发现人才、鉴别人才？在我国，认识人才、发现人才的事例可以说俯拾皆是：华罗庚发现陈景润，是因为华罗庚精通数学；徐悲鸿发现齐白石，是因为徐悲鸿系一代宗师；王昆发现一大批青年歌手，是因为王昆不仅有爱才之心，而且她本人就有很高的艺术造诣。"能者知能，贤者知贤"，这是识才的一种规律。

当然，判断一个人是不是人才，这是一个十分复杂的问题。领导者想当发现人才的"伯乐"，就要提高自身的修养、才能、品德，否则人才天天生活在你周围，你也会视而不见。每个企业领导者应该"铁肩担道义，慧眼识英才"，放开眼界发现人才，全面、发展地考察人才，建立科学的人才考察测评机制，从德、能、勤、绩等方面严格考察，才能正确地识别人才、发现人才，得到贤能志士。

二、知人善任

知人善任，是用人艺术的最高境界。作为一个企业领导者，必须学会量才而用的用人艺术，用人之才是顺利实现行企业目标的一条捷径。俗话说："人无弃才。"关键在于"知人善任"。只有知人善任，才能人尽其才。不知人，谈不上善任；不善任，知人也就没有意义了。善任就是为工作安排最适当的人，或为人安排最适当的工作，从而产生最高的效能。

一是用人之长，容人之短。"善任厚待，宽严相济"是中国传统的用人思想，这种思想在今天的企业管理上仍然适用。人总有长处和短处，最伟大的人物也有不足，用人所长，他的作用就能发挥，用其所短，必然有英雄无用武之感。

二是量才而用，用当其才。用人要合理安排，扬长避短。清人顾嗣协写过这样的一首诗："骏马能历险，犁田不如牛。坚车能载重，渡河不如舟。舍长以取短，智高难为谋。生材贵适用，慎勿多苛求。"这首诗生动地说明了人才使用贵在量才而用、用当其才的道理。要根据人才不同的特长、能力、性格，安排相应的岗位，有真才实学，品行良好的人才，一定要安排到关键岗位，好钢用在刀刃上。

三是敢用强人、不怕超己。凡是唯才是举、任人唯贤的领导者，事业上无不取得了成功。美国的钢铁大王卡耐基的墓碑上刻着："一位知道选用比他本人能力更强的人来为他工作的人安息在这里。"卡耐基之所以成为钢铁大王，并非由于他本人有什么了不起的能力，而是因为他敢用比自己强的人。他能看到并发挥他们的长处。他曾说过："把我的厂房、机器、资金全部拿走，只要留下我的人，4年以后又是一个钢铁大王。"那些生怕下级比自己强，怕别人超过自己、威胁自己，并采取一切手段压制别人、抬高自己的人，永远不会成为优秀的领导者。

四是重用年轻人。当今世界科技迅猛发展，知识更新周期越来越短，信息沟通日益宽广方便，这正是年轻人大显身手的环境。年轻人最富有创造力。领导者应注意发现、重用有能力、善学习、有业绩的年轻人，使其在他们的黄金时期充分发挥作用。一切成功的领导者都敢于重用年轻人，不拘一格用人才；而不敢重用年轻人的领导者，既耽误他人，也毁了自己。

总的来说，慧眼识英才，知人善任，是活用别人的智慧转变成自己的智慧，这是企业领导者的王牌，是企业领导者缔造丰功伟绩的根基。

 杨安谈总裁管理

很多人并不是没有才能，而是领导者会不会用的问题。领导者善于发现人才，善于用人之长，给"虎"一座山，给"鲨"一片海，让其辅业助业，何愁无人才可用？何愁事业不兴、功业不振？

个体力量的孤独与团队力量的昂扬

在动物世界中，当群体中的个体受到生命威胁时，动物的团队精神就会马上爆发，比如野马群不由自主地围成团，形成抵御威胁的合力；狼群为了猎食，更是将团队精神发挥到了极致。这是物种进化，自然选择的结果，无须教育的本能。

人类社会也是如此。在远古时期，我们的祖先使用的工具是木棒，还不能一个人捕捉野兽，此时只有群体合作才能保留个体生命存活，于是大家就自然的合作了，也自然地形成了合作激励结构：围捕猎物，集体采集，然后将收获的食物分配给众人，形成团队精神的正向旋涡。这就是人类本来的属性，也是动物的本性。

从深层次讲，低级的动物也好，高级的人类也罢，都是因为个体相对于大自然的渺小而结为团队，因为遭遇威胁为保个体生存而结为团队，为共同利益、共同荣誉而结为团队。而这一切的一切，就是为了摆脱个人灵魂的无助和孤独，团队让个体孤独的灵魂找到了依托，团队精神就是个体依赖团队的一个直接呈现。

个体力量的孤独与团队力量的昂扬，相比之下，孰轻孰重，显而易见。能否摆脱心灵孤独，发挥团队最大潜能，体现了一个企业领导者的情感管理水平。而现代企业的生存和发展不是个人行为，而是一个公司行为，一种团体行为。如此说来，最大限度地激活并发挥团队的能量，是个人战胜孤独，使心灵有所寄托的首选途径。当然，让一个团队释放能量，需要团队领导者运用一定的管理方法。

一、信任团队成员

当领导者管理知识型员工时，不应该用硬性的打卡上班、下班时间来监督他们的工作，除非有涉及客户服务的时间覆盖问题，比如必须在呼叫时间内提供足够的服务。相反，你应设立明确目标，比如让员工每周用 40 小时完成工作，要求他们准时参加重要的会议并且在团队共同工作时间内随叫随到。如果有必要，为他们提供可以远程工作的工具，然后让他们自己管理自己的时间。这样做的结果就是告诉你的员工：你信任他们。

领导者的责任就是营造一种培养和鼓励那种创造力的氛围，你所能做的、最好的事情之一就是让员工知道你信任他们，知道你相信他们有能力做好工作、解决问题和如期完成工作。

二、让团队成员在合适的岗位上施己之长

领导者应该确保团队成员都在各自擅长的岗位。如果你接管了一个已经粗具规模的团队，这点尤为重要，这时评估所有团队成员，并改组团队，以求更好的成功机会。不要仅仅因为某个人在某个岗位上已经工作了很长时间，就不去改变他的职能，只要你认为他能够在其他的职位上做出更多的贡献，就应该认真考虑进行调整。员工可能不愿意这样的变动，所以领导者还需要花较多的努力说服他们，这样的变动是为了达成他们个人和公司的共同价值与利益。

领导者让成员处于正确岗位的另外一种方法是，找到成员的真正爱好所在，并看他们是否能把其热情投入到岗位中。有时候会把某些成员调到其经验不多的岗位，如果根据他们以前的工作表现，你确信他们能胜任岗位，那就应该这样调动，因为他们的热情将是学习和成长的强大动力。

三、在最佳时机使用最佳人选

领导者如果有很好的项目推动公司发展，应该要退一步思考，谁是这个项目的最佳人选。除了寻找和挑选有能力胜任岗位的人选或对岗位有热情的人选之外，项目还需要关注那些有成功经验的人选。有时候良机只有一次，他们或许会错失。所以，项目应该在最佳时机使用最佳人选。

四、平衡挑战性目标和现实目标

通过设定积极目标和督促成员定期汇报工作进度，来建立绩效文化。但是，目标不能太高，否则成员很快就跟不上，并且认为自己永远无法达成目标。这就意味着领导者必须定期重新评估目标的可行性，至少一个季度一次，从而决定成员是否需要减少或者增加工作任务。

五、避免责备团队成员

任何一个人都会有跌倒的时候，都会有不如意的事。失败之后，做一次分析，发现哪里出错了，从中吸取教训。如果是个人造成的严重错误，则私下处理他们。如有必要，让他们知道下次再遇到类似事件，你希望他们该怎么处理。不要在公开场合批评他们，无论是直接或者是间接地，比如在会议上或者群发的邮件里。如果你那样做了，你将面临如下危险：因害怕犯错和避免问题，成员不会花时间和精力去做那些创造性的工作。

六、正确终结项目来培养创新

培养创新的方法之一是有效且得体地终止项目。有时候，失败会暴露某些成员的弱点，但有的时候，即便有优秀的成员参与项目也会失败。搞清楚这两种情况之间的区别，是优秀领导者的能力之一。

如果一位优秀成员负责一个糟糕的项目，项目失败并不能说明管理项目的人能力差，因为那个项目根本无法实现。所以，你不要过分紧张，要把这个项目当作学习机会，给项目管理人重新分派任务。否则，你会让你的团队成员过度规避风险，他们也就不再愿意投入到下一个大项目中，或者不再愿意在管理项目时有大胆举措。这种氛围会很快扼杀进步。

七、培养你的员工独立思考

你是领导者，但这并不说你必须要包揽所有的好想法。如果没有先征求你的意见，你的员工犹豫不决无法做决定，那说明你没有合理地赋予他们权力。如果你的员工不能自己做决定，那你应当改变策略。当他们就某一问题给你相关信息，并询问该怎么做时，你应该反问他们："你们是怎么想的？"一开始，他们也许会很惊讶，但经过多次之后，他们自己会先思考，充分讨论并提出建议，然后再来找你。

八、快速对新项目达成共识

领导者最主要的职责之一，就是跟团队成员沟通新的进展和策略转换。而如果团队成员已经有成形的想法做某事，这时你却提出一个全新的方式，这会严重影响他们的日常工作。

当你突然告诉他们新方式时，他们会自然地抵触和怀疑。因此，无论何时，只要有可能，领导者应该事先告诉他们有变化，让他们知道相关原因。如果他们不同意你说明的原因，他们可以表达自己的不同见解。

当你还在制订计划或更改策略时，还有一个更好的方法，就是让团队成员集思广益献计献策，然后你就可以汇聚他们的点子和反馈。有时候，你也许不得不在团队中搞突然袭击，但你必须尽量别这样做。即便不得不那样做了，你也要找时间告诉他们决策背后的原因。

总之，为团队成员创造空间，使之充满自我激励精神，工作效率高，业绩蒸蒸日上，这正是你苦心经营、梦寐以求的结果。只有当你的团队发挥出最大效力，你就再也不孤独，你就事业有成。

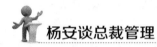

要激发埋藏在团队成员灵魂深处的团队精神，团队领导者需要摆脱个体的孤独感，忘掉自我，并采取各种措施，有意识地建立让每一个团队成员感觉兴奋的大环境。此时，不仅团队成员不再孤独，领导者自身也不再孤独。

切勿独占成果，懂得分享喜乐

企业经营成果是指一定时期内企业生产经营活动所创造的有效劳动成果的总和。企业经营成果最直接的体现就是钱，而这也是涉及员工切身利益的实物。作为一个企业领导者，对于和企业一起打拼的员工，理应让他们得到实际利益，因此要懂得分享，合理分享。

有的企业领导把钱这块"肉"一口就吞了下去，员工连一点汤都喝不着，因为利益分配而解体的团队太多了，这样的悲剧每天都在很多企业上演。这是一个对企业、领导和员工来说，三方都失败的结局。侥幸多吞了利益的领导，也会因为这件事情，在业界内声名狼藉，很难再东山再起。

金钱对于一个企业的领导者来说是什么东西呢？这个问题值得每个领导者思考。领导者是把金钱当作企业的最终目的，还是把金钱看成承载员工幸福与理想的工具？更通俗地说，就是企业有了效益，领导者愿不愿意与员工分享？是独乐乐，还是众乐乐？事实上，没有正确金钱观的领导者的企业多数都做不大。

古人云："君子爱财，取之有道。"道是什么？对于领导者来说，道就是分享。金钱的分享引发干劲的增强，最终带来经营结果的变化。因此，作为一个成功的领导，一定要想到：成绩，是大家一起努力所取得的，功劳当然也要公平分配。要给你的下属和员工一种安全感，给你的下属和员工一个目标，让他们认为跟随你工作，是有前途的，是有奔头的。聪明的领导，还会运用"财散人聚、财聚人散"的理念，把成绩和利益有意识地多归功于下属，这样，下属就会非常忠诚地跟随领导，更具有凝聚力和战斗力，更容易取得成绩和成功。这对领导来说，也是一个非常宝贵的财富，是以后做更大的事情或创业的良好基础。

老板要懂得赚钱，更要知道如何分钱。当然这个"钱"不单单指钞票。员工的钱该怎么分？平均分配大锅饭肯定不好，这就需要有一种机制来确保公平，即按贡献价值分配，多劳动、多创造，才有多回报。

一、通过绩效管理分享

绩效考核可以分为三级或者更多层级，要看结构层次多寡。如果是三级结构，首先要有"三定"，一是定企业的目标考总经理和决策层，二是定部门的目标考部门和部门负责人，三是定员工个人目标考个人，先确定理论值再与考核结果结合，而且每下一层考核都要跟上一层结果挂钩，确保避免"大河没水小河满"的状况。

光有考核是不能让员工满意拿钱的，领导者要明白，考核绝对不是为了让员工少拿钱，而是要员工懂得尊重机制，并且还有其他选择余地，自己来衡量得失。这就要求领导者开辟和开放其他渠道，尽量让该分配的钱分配出去。

比如，你在某个位置干的时间长了，就可以依靠岗位系数享受一天0.1个经验值，你做销售花了很多钱，不管你的成果怎么样，花钱就给你积累经验值，企业一方面给你核算成本要考核你，另一方面会给你增加经验值，如每 1000 元值 0.5 个经验值，可以与岗位经验值累积记分，等等，要知道，经验对于企业也是很值钱的。企业领导者可以考虑开放给员工经验值兑换的渠道。

二、通过给股份分享

根据"耕者有其田、业者有其股"的原理，对员工最好的激励也是长期捆绑，就是企业的股票或者期权。最好先给期权，之后再转化成为股份。期权可以用经验值直接兑换，离开就直接变零，经验值可以通过期权的红利体现出价值；对于符合条件的员工可以在期权的基础上推出股票，比如根据经验值以某种内部价格购买企业的股票，这就让员工变成了名副其实的小股东，与企业长期绑在了一起。至于离开，定出游戏规则就可以解决。这样，员工的分配就有了保障，影响的不仅是员工，再生产扩大也有了保障，客户也因此得利，股东的回报也会更高。看来，老板只有先设计好员工的应得，一切才会水涨船高。

总之，懂得分享，做到合理分享，是一个企业领导者在利益面前应有的正确态度。在分享的作用下，一个领导者能让多少人成功，就会被多少人成就；一个人企业能承载多少人的幸福和理想，就能汇聚多少人的心和干劲。

杨安谈总裁管理

以提高员工的薪酬为突破口，切实维护员工的切身利益，让他们看到希望和前途，精神世界感到充实，从内心真切地感受到温暖，才是化解企业危机的有效途径。

总裁管理智慧四

树立理想，坚定信念

理想和信念是企业的灵魂。能使企业为之奋斗的称为理想，而实现理想所必需的却是信念。成大事者皆在志，成大事者亦具恒。理想与信念不可分割。理想信念教育在为企业发展指明方向的同时，也为企业发展提供了一种精神支撑。

企业领袖在全面进行理想信念教育的过程中，应该科学地描绘企业未来的发展蓝图，致力于增强企业员工的理想信念和集体荣誉感，努力为实现理想而贡献自己的力量。

理想、勇气与毅力，让生命闪耀光芒

老鹰是世界上寿命最长的鸟类，一生的年龄可达70岁。当它活到40岁时，锋利的爪子开始老化，无法有效地捕抓猎物，喙变得又长又弯，几乎碰到胸膛，不再像昔日那般灵活，翅膀开始变得十分沉重，因为它的羽毛长得又浓又厚，飞翔十分吃力。它不得不面临两种选择：一种是等死，另一种是须经过150天漫长的"修炼"。

老鹰费尽全力奋飞到一个绝高山顶，筑巢于悬崖之上，停留在那里，开始一个十分痛苦的蜕变过程：它首先用喙奋力击打岩石，直至喙完全脱落。然后，静静地等候新的喙长出来。新喙长出后，它就用新生的喙把脚趾甲一片一片地拔出来，当新的脚趾甲长出后，再用脚趾甲把那些沉重的羽毛一根一根地拔掉。5个月后，新的羽毛长出来了，它又开始飞翔。经历"重生"后，鹰的寿命可再添30年。

故事很简单，但是给我们很震撼的力量，也给我们带来了很多启示。其实，每一个企业领袖也和老鹰一样，同样会面临"困境"、面临"老化"、面临"瓶颈"，以及面临"死亡"。然而有些人过早地堕落或者夭折，而有些人却走向了光明与辉煌，走向了基业常青。为什么呢？两者不同的结局，缘于是否能够像老鹰一样，有远大而明确的目标与理想、重生的决心与勇气、忍受痛苦与寂寞的毅力。远大的理想、无畏的勇气与超凡的毅力就是企业领袖生命的核心，具备这三种特质的企业领袖，他的生命会闪射出夺目的光芒。

一、远大的理想是企业领袖的生命基石

老鹰的理想是什么？是再活 30 年。相对于企业而言，当今长寿的企业实在是太少了，有一组数字告诉我们，中国民营企业的平均寿命只有 2.9 年。而企业领袖的理想，就是让企业基业长青，或者说打造百年老字号。

企业领袖没有理想，就会浑浑噩噩，注定随波逐流、随遇而安。当挫折来临时，当困难缠身时，当"沉重的翅膀无法飞翔"时，就会陷于等待与退缩的境地，最终的结果必是坐以待毙。老鹰之所以会选择"奋飞到一个绝高山顶，筑巢于悬崖之上，进行 150 天漫长的修炼"，就是因为它有理想。不要以为动物就没有理想，"燕雀安知鸿鹄之志"这句话早就告诉了我们，鸿鹄是有"志"的。

企业领袖首先要有让企业基业长青的理想、有从优秀到卓越的境界、有打造百年老字号的雄心。理想与目标远大的企业领袖，才会在企业面临瓶颈时去寻找重生之路，选择涅槃。因此，具有远大理想的企业领袖，就为他的生命奠定了牢固的基石。

二、重生的勇气是企业领袖的生命阶梯

老鹰是勇敢的化身，它的重生过程是血淋淋地自戕过程。敢于自戕者，实在是大无畏的勇士。勇士的作风就是敢想敢干，具有毫不畏惧的气概。

企业每做到一定阶段时，都会遇到瓶颈。企业做大了之后，我们常常会发现：部门之间争权夺利，相互扯皮；销售部门业绩停顿，人浮于

事；产品功能落后不再有竞争力；高层任人唯亲，胡作非为，拉帮结派；生产线工人叫苦连天，抱怨连连等，这些现象的存在，就是企业老化的体现、濒临倒闭的征兆。很多企业领袖都知道："这时的企业已经生病了、老化了，必须要变革，才能重生。"

然而，变革是牵一发而动全身的事情，必将损害一部分人的利益，遭到保守派的反对。想到这里，很多人不寒而栗，于是畏畏缩缩、裹足不前，几多"出师未捷身先死"的案例，说明了这一现象。但有勇气的企业领袖敢于"壮士断腕"，这一定是痛苦的，同样也是毫不畏惧的。

格兰仕公司前身是生产羽绒制品的广东顺德桂洲羽绒厂，该厂成立于1979年，以手工操作洗涤鹅鸭羽毛供外贸单位出口为主营业务，年产值46.81万元。经过十几年的发展，1992年6月，公司更名为广东格兰仕企业（集团）公司，格兰仕牌羽绒系列制品全国总销售额达3000万元，集团公司总产值1.8亿元，年出口达2300万美元。1991年，格兰仕创始人、人称"德叔"的梁庆德认为，公司的羽绒服装产业虽然在国内名列前茅，利润不菲，但是出口前景不佳，难有大作为，应从现行业转移到一个成长性更好的行业，决心放弃羽绒生产，转战家电业，生产微波炉。

"德叔"的决定遭到了政府领导及部分高层的反对，大家不能理解，好好的现成生意放弃不做，偏要去选择一个一无所知、一无所有的家电行业，并且是听都没听过的微波炉。但事实证明，格兰仕20年前的"壮士断腕"是正确的，格兰仕经历长达数年的"修炼"，最终成为微波炉行业的中国冠军乃至世界冠军。

格兰仕获得了重生，缘于战略的正确，然而战略的正确，不能不归功于梁庆德有雄鹰般的勇气。

三、忍受痛苦的毅力是企业领袖的生命支柱

老鹰的毅力令人叹为观止，其重生过程是痛苦而又寂寞的。它在150天中不吃不喝，风餐露宿，还要自我摧残，每天与死亡搏斗，这实在是非寻常之物所能为。这使我们想到了一些企业在变革过程中的困难重重。在困难面前，变革者或抗不住压力，或难耐孤独与寂寞，缺乏足够的毅力，往往半途而废，企业最终走向死亡。而一个真正的企业领袖，却能凭借坚定的毅力扛住压力、耐住寂寞，使企业变革获得成功。

毅力，即意志力、即恒心，它所包含的要素是自信、专注、自制和忍耐。对一个企业领袖而言，毅力是十分优秀的品质。企业的变革，就是要求企业领袖一定得具备毅力方能成事，具备毅力的人，他的行动必然前后一致，不达目标绝不罢休。

总之，理想、勇气、毅力使老鹰实现了自我救赎，实现了绝地重生。老鹰的这三种精神正是企业领袖所要修炼的品质，当代企业若要克服老化，突破瓶颈，革故鼎新，实现重生，一位心怀理想，勇于变革且有毅力坚持的领袖是不可或缺的。

 杨安谈总裁管理

理想、勇气、毅力作为领袖精神的三大要素，三者相辅相成。远大的理想、强烈的愿望与明确的目标，产生毅力。大无畏的勇气和壮士断腕的行动，产生毅力。而勇气，则是毅力的开始、是毅力的养料。毅力则是理想实现的桥梁，是勇气升华的渡船。

理想之灯，照亮企业领袖的人生路

理想体现一个人的意图、愿望和志向，并且决定着一个人对事物的态度和行为方式。而对于成功的企业领袖来说，他们的责任与义务、光荣与梦想，鼓舞着他们为追求卓越，不断创新不断超越昨日的自己。

下面，就让我们一起来看看任正非、柳传志、李东生对成就光荣与梦想的执着和渴望吧，从他们身上，我们可以看到一代企业领袖在价值创造上呈现的斗志和不同寻常的表现！

一、任正非为华为崛起加油

华为在 2004 年 11 月 19 日称，当年华为的全球销售额达到 50 亿美元，其中海外销售额将突破 20 亿美元。相对于 2003 年在海外市场超过 10 亿美元的销售业绩，华为实现了 100% 的增长。其实，在这一成绩的背后，是华为海外市场拓展的艰辛。

从 1996 年起，任正非带着华为开始开拓国际市场，走的路线是农村包围城市。直到 2000 年在亚洲、非洲、拉丁美洲以及独联体国家才有所收获。从 2001 年开始，10GSDH 光网络产品首先打入德国市场，通过与欧洲著名代理商合作，华为产品继而又成功进入法国、西班牙、英国等欧洲发达国家。但在占据全球电信设备市场 40% 的北美，华为一直没能找到一个好的切入点。

正因为如此，任正非加大华为与全球优秀企业的合作力度。自从 2003 年华为数据通信与 3COM 合资后，华为 3COM 成了华为国际化的另一支奇兵。在 2004 年，这种合作开始上升到全方位的新高度。其中，跟西门子的联姻最为抢眼。就在 2005 年 10 月 4 日，两家公司宣布了"华为为西门子的企业网通信解决方案提供网络产品"的计划，西门子因此与华为 3COM 拉上了关系。因为由华为提供给西门子的企业级数据通信产品，大部分是从华为 3COM 过来的。

另外，对于亮相的机会，任正非也不放过。2005 年，华为开始频繁参加世界级的展会或研讨会，"华为旋风"席卷世界。如在 WCDMA 大本营欧洲启动的 3G 巡展中，华为的综合实力震撼了欧洲运营商，有超过十几个运营商的 500 多名客户与华为亲密接触。

2008 年 12 月 30 日，在世界权威的品牌价值研究机构——世界品牌价值实验室举办的"2008 世界品牌价值实验室年度大奖"评选活动中，华为凭借良好的品牌印象和品牌活力，荣登"中国最具竞争力品牌"大奖，为中国品牌群体性的崛起奏响华彩乐章。

2013 年，华为第三次入围世界 500 强，排第 315 名。

2014 年 2 月 27 日，在西班牙巴塞罗那举行的世界移动通信大会上，华为与欧盟及产业界各方共同推动的"5GPPP Association"（5G 公私合作联盟）正式成立。

华为已经用自己的行动证明，华为越来越被定义为世界的华为。而企业领袖任正非所理想的企业国际化进程，也迈出了坚实的步伐。

二、柳传志的国际化理想

像任正非一样，国际化一直是柳传志的梦想。但在国际化的路径上，柳传志抄了近路。2004 年 12 月 8 日，柳传志豪言："联想集团以 12.5 亿美元收购 IBM 个人电脑事业部，收购的业务为 IBM 全球的台式电脑和笔记本电脑的全部业务，包括研发、采购，等等。至此，联想集团将成为年收入超过百亿美元的世界第三大 PC 厂商。"

　　原本至少需要 10 年时间才能跨进世界 500 强的联想，就这样被柳传志带着轻而易举地一步跨了进去。这两家有着相同梦想的公司在联想的名下携起手来，这标志着新联想的诞生。随后，柳传志真正退居幕后，放弃了董事局主席职务，杨元庆担当董事长。

　　柳传志美梦成真，不但圆满了他的"贸工技"理论，还将联想的 2004 年画上了一个完美的惊叹号。因为在刚过去的 10 多个月里，对柳传志和联想来说，是非常平淡低调但又不平静的一年。

　　2004 年本来是联想 20 岁的生日，但 20 岁的联想，带给柳传志的不是鲜花掌声，而是一场前所未有的考验：国内市场的能力发挥接近饱和，国际市场依然寸步难行。两头胶着的联想已经突围了整整 3 年，但实质性进展乏力。

　　2004 年年初，上一个"三年规划"里，柳传志的爱将杨元庆抛出的"2003 财年，整个联想集团的营业额将达到 600 亿元"的承诺流产。接下来的动作，像战略调整、裁员重组、赞助奥运、低价电脑等，也让联想处于风口浪尖当中。

　　然而，柳传志给杨元庆的是宽容与信任："如果今天从头开始做的话，你还是要把发展放在第一位，必须要往前面冲。"同时，柳传志借新的"三年规划"之机，启动大规模调整计划，要重振联想：其一，高度关注客户，以客户为中心；其二，利用架构调整，提高企业整体运营效率。

　　相应地，联想寻求突破的基本战略也确定：集中一切资源以求 PC 业务的重大突破，即从纵向来说，联想的核心竞争力能否从 PC 的销售逐步延伸到 PC 的技术和制造；从横向来看，能否从国内传统 PC 市场的优势拓展到新功能、新应用的新市场以及更为辽阔的国外市场。联想这一年来的动作基本体现了这些思路框架。

就这样，柳传志收起了联想多元化触角，果断完成了对 IT 服务、软件、网络、互联网和 QDI 等非核心业务的剥离。结果亏损不但大幅收窄，还得到了一张不错的成绩单。从 4 月 1 日至 9 月 30 日，联想电脑销量增长超过了市场平均水平，达到 14.6%。笔记本和手机等重点发展业务成为增长亮点，销量同比增长分别达 43% 和 105%，手机扭亏为盈算得上是逆市增长。

柳传志的国际化理想继续在杨元庆手中一步步实现着。截至 2013 年，联想集团已在美国北卡罗来纳州罗利市三角研究园、中华人民共和国北京市和新加坡三处设立总部。

2014 年 1 月 23 日，联想集团宣布，以 23 亿美元收购 IBM 低端服务器业务。双方签订的协议显示，此次收购价格包含 20.7 亿美元现金和向 IBM 定向发行的 1.82 亿股联想集团股票。

2014 年 1 月 30 日北京时间凌晨 6 点，联想宣布，以 29 亿美元左右的价格购买谷歌的摩托罗拉移动智能手机业务，并将全面接管摩托罗拉移动的产品规划。联想期望以此进入竞争激烈的欧美市场。

三、李东生的梦想追逐战

2004 年 2 月 17 日至 20 日，中国电子国际化标杆企业 TCL 集团在北京、广州、惠州三地举行新春工作汇报会，李东生以"龙虎计划"宣泄了其野心：TCL 要在 2005 年实现销售收入 700 亿元，2010 年达到 1500 亿元，形成具有国际竞争力的世界级企业。

惯于以小博大的李东生，在率领 TCL 奔向世界级企业的国际化道路上，步法跟柳传志几乎异曲同工。只是李东生导演的 TCL 国际化大并购，在中国电子制造业面临反倾销、知识产权以及国际化诸多难题的背景下，显然是家电业的"绝地反击"。

2004 年 4 月，TCL 与法国阿尔卡特签署合作备忘录，共同组建一家从事手机及相关产品和服务的研发、生产与销售的合资公司，即 TCL – 阿尔卡特移动电话有限公司。仅 4 个月之后，TCL 与法国汤姆逊合资组建、由 TCL 控股的全球最大彩电企业 TTE 也正式开业运营。凭借这两大手笔，TCL 一跃而成为全球第一大彩电供应商和全球第七大手机供应商。

紧接着，对国际化所需的人才，李东生也加紧跟进。同年 6 月，在广州白天鹅宾馆，TCL 集团宣布年内将在全球招聘 2200 名具有国际化背景的中高级经营管理人才和研发人才。于是，在接下来的 6 月的招聘中，TCL 不仅在国内招兵，还在美国设场，国际人才战略的"本地化"新特色在 TCL 凸显。

不可否认，包括并购在内的管理创新，如"合纵连横，整合资源""以速度提升效率"在帮助 TCL 不断提高运营效率，使 TCL 市场反应速度、资产周转速度等明显超过对手。但 TCL 要真正成为世界级企业，如何建立起全球业务的管理能力，如何做好跨区域和文化的整合、发挥好协同效应，尽快提高海外业务，特别是欧美业务的经济效益等问题，决定着 TCL 国际化进程快慢。不论怎样，为成就世界级企业，李东生还在追逐。

2008 年 12 月 30 日，在世界权威的品牌价值研究机构——世界品牌价值实验室举办的"2008 世界品牌价值实验室年度大奖"评选活动中，TCL 荣登"中国最具竞争力品牌"大奖。

2009 年 1 月 11 日，李东生董事长荣获"改革开放 30 年品牌建设杰出管理贡献奖"。12 月 23 日，又在被誉为中国经济领域"奥斯卡"的"CCTV 中国经济年度人物评选"中亮相，李东生董事长荣获"中国经济十年商业领袖人物"。

理想一旦形成，就成为行为的内部推动力，它激励一个人朝着一定方向奋勇向前。在追梦的道路上，无论是久负盛名的商业领袖，还是初出茅庐的新生代企业家，他们都义无反顾地向前冲，努力着，相信着。

 杨安谈总裁管理

　　企业在确定国际化经营方向、制订国际化经营决策时不仅要考虑国内市场的需要，而且更要考虑国际市场的需要，并自觉遵循世界经济规律，按国际贸易规范和国际惯例办事。对于中国企业国际化，各方给出的答案不尽相同，有一点却非常一致：不能为了"国际化"而国际化。

树立坚定的信念，明确企业价值指向

　　信念，是一种心理因素。它是一种精神，是战胜挫折、赢得机遇的前提。自信的人首先忠诚于自己的信念，这种信念融入他的言行、举止，让他的举手投足都在辅助他的语言所表达的信息，因而让人们相信他的能力和人格。

　　从某种意义上说，人不是活在物质世界里，而是活在精神世界里，活在信念之中。对于人的生命而言，要存活，只要一碗饭，一杯水就可以了；但是要想活得精彩，就要有精神，就要有远大的理想和坚定的信念。理想信念使贫困的人变成富翁，使黑暗中的人看见光明，使绝境中的人看到希望，使梦想变成现实。

　　在浩瀚的沙漠中，一支探险队在艰难地跋涉。头顶骄阳似火，烤得探险队员们口干舌燥，挥汗如雨。最糟糕的是，他们没有水了。水就是他们赖以生存的信念，信念破灭了，这可怎么办？一个个像散了架，丢了魂，不约而同地将目光投向队长。

队长从腰间取出一个水壶，两手举起来，用力晃了晃，惊喜地喊道："哦，我这里还有一壶水！但穿越沙漠前，谁也不能喝。"沉甸甸的水壶从队员们的手中依次传递，原来那种濒临绝望的脸上又显露出坚定的神色，一定要走出沙漠的信念支撑他们踉跄着，一步一步地向前挪动。看着那水壶，他们抿抿干裂的嘴唇，陡然间增添了力量。

终于，他们死里逃生，走出茫茫无垠的沙漠，大家喜极而泣之时，久久凝视着那个给了他们信念支撑的水壶。

队长小心翼翼地拧开水壶盖，缓缓流出的却是一缕缕沙子。他诚挚地说："只要心里有坚定的信念，干枯的沙子有时也可以变成清冽的泉水。"

黑人领袖马丁·路德·金有句名言："这个世界上，没有人能够使你倒下。如果你自己的信念还站立着的话。"是的，即使在最困难的时候，也不要熄灭心中信念的火把。

有了信念，才能以最佳心态开展工作、履行职责；有了信念，才能以饱满热情开创事业、完成使命。运动员在赛场比赛，要争得第一，争得一流，不能有信念；一名企业领袖，在管理企业的过程中，必须保持良好的心理素质和精神状态，以热情的态度、积极的表现来引领企业的发展，那么信念是不可或缺的。

山姆·沃尔顿是沃尔玛的创始人，1918 年出生于俄克拉荷马的金菲舍镇，是一个土生土长的乡下人。作为一名卓越的企业领袖，他凭借自己坚定的信念，用 50 年的时间，将一个小杂货店打造成为强大的商业帝国。2002 年依然位居《财富》杂志"全球 500 强企业的榜首"，经营沃尔玛公司的沃尔顿家族以超出 700 亿美元的身价名列全球富豪第一。正如美国总统老布什在 1992 年授予他美国总统自由奖章时说:"山姆·沃尔顿,一个地道的美国人,他所展现的创业精神,是美国梦的缩影。"

每个人都期望留下一份遗产。山姆·沃尔顿留给我们的绝不仅是具有传奇色彩的商业数字,而是一笔泽被后世的精神财富。正是凭着他不凡的心智和坚韧的毅力,才成就了不朽的商业模式。解读成功,信念使然。山姆对自己坚持不懈的信念作了如下概括:

一、具有敬业精神

山姆坚信,如果你热爱工作,你每天就会尽自己所能力求完美,而不久你周围的每一个人也会从你这里感染这种热情。

二、与他人分享成果

所有同事都是合伙人,合伙人要分享你的利润。只有当员工都将他们自己视为企业的一员,他们才能创造出超乎想象的业绩。

三、激励你的合伙人

仅仅金钱和股权是不够的。每天经常想一些新的、较有趣的办法来激励你的合伙人。比如,设置高目标,鼓励竞争,并随时进行区分;让经理们互相调换工作以保持挑战性;让每个人都去猜测你下一步的计策会是什么。

四、坦诚沟通

尽可能地同你的合伙人进行交流,他们知道得越多,理解的就越深,对事物也就越关心。情报就是力量,你把这份力量给予你的同事后所得到的益处，将远远超出消息泄露给竞争对手后要承担的风险。

五、心怀感激

感激你的同事为公司做的每一件事，这种做法不花一分钱，但却珍贵无比。支票与股票或可以收买某种忠诚，但任何东西都不能替代几句精心措辞、适时而真诚的感激之词。

六、正确面对成功与失败

成功要大肆庆祝，失败也不必耿耿于怀。不幸失败，也不妨穿上一身戏装，唱一首歌曲，其他人也会跟着你一起演唱。要随时随地设计出你自己的新噱头。这一切将比你想象的更重要、更有意义，而且它会迷惑对手。

七、善于倾听

倾听公司每一位员工的意见，广开言路。第一线的员工才是最知道实际情况的。你要尽量了解他们所知道的事情。为了组织下放责权，激发建设性意见，你必须倾听同事们告诉你的一切。

八、做到超出客户预期

要做得比客户期望更好，如果你这样做了，他们将成为你的回头客。妥善处理你的过失，要诚心道歉，不要找借口。顾客永远是对的。

九、为客户的利益着想

为顾客节约每一分钱，这可以为你创造新的竞争优势。如果是高效运营，也许你可以在犯许多不同的错误后依然能恢复元气。但如果运作效率低下，那么你可能显赫一时，最终却会败北。

十、有另辟蹊径的精神

敢于蔑视传统观念，具有逆流而上的精神。如果每个人都在走老路，而你选择一条不同的路，那你就有绝好的机会。

信念说起来容易，但真正的挑战在于几十年如一日地坚守和贯彻。做企业，最需要的正是这种始终如一的信念。作为一个企业领袖，信念是战胜工作中的困难，力排干扰，把握时局，打开局面，果断决策和树立领导威望的一个重要的心理优势。领导者要始终把共同的信念目标、共同的事业放在第一位，激发组织成员的积极性、主动性、能动性，使信念合流，众人一心，形成开拓事业的强大驱动力。

 杨安谈总裁管理

企业领袖一定要自信但不自负。要推进工作、成就事业，必须保持自信，但过分自信，自高自大，目中无人，就会走向成功的反面。自负出于无知，只会使决策失误，事业受损，引来别人的嘲笑。所以，作为一个企业领袖，需要不断提醒自己：自信不可丢，自负不可取！

用坚定的理想信念为企业发展作贡献

科学家曾经做过这样一个实验：把一只跳蚤放进一只玻璃杯中，发现跳蚤立即轻易地跳了出来。无论重复几遍，结果还是一样。接下来，实验者再次把这只跳蚤放进杯子里，不过这次同时在杯上加一个玻璃盖，"嘣"的一声，跳蚤重重地撞在玻璃盖上。跳蚤十分困惑，但是它不会停下来，因为跳蚤的生活方式就是"跳"。

一次次被撞，跳蚤开始变得聪明起来了，它开始根据盖子的高度来调整自己所跳的高度。几小时以后，研究者发现这只跳蚤再也没有撞击到这个盖子，而是在盖子下面自由地跳动。一天后，实验者把盖子轻轻拿掉，跳蚤不知道盖子已经去掉了，它还是在原来的那个高度继续跳。三天以后，他发现那只跳蚤还在那里跳。一周以后，这只可怜的跳蚤还在这个玻璃杯里不停地跳着——其实它已经无法跳出这个玻璃杯了，从一个跳蚤变成了一个可悲的"爬蚤"！这就是著名的"跳蚤理论"。

人有时候也一样，也在重复着这样的"跳蚤人生"。因为在心里默认了一个"不可跨越"的高度极限，这极限常常暗示自己的潜意识："成功是不可能的，是没有办法做到的。"于是就放弃了希望，放弃了拼搏和奋斗，放弃了理想信念，变得墨守成规。

为什么会有这样的"心理高度"呢？这主要与我们的理想和信念有关。每个人都有远大的理想和抱负，为自己的未来描绘了秀美的蓝图，满怀信心地为自己的理想和目标去努力奋斗。但往往事与愿违，经历挫折屡屡失败后，便开始萎靡不振，安于现状，而没有从自身找出失败的原因。究其原因，就是因为一再降低自己的标准，把理想信念抛于脑后，向现实妥协，不求上进，再没有努力拼搏的精神和奋发向上的"心理高度"。

难道跳蚤真的不能跳出杯子吗？绝对不是！我们只需稍用点外力：拿一根小棒了突然重重地敲一下杯子或者拿一盏酒精灯在杯底下加热，当跳蚤热得受不了的时候，它就会跳出去。也就是说，使一点外作用力就可以解决问题。我们平时在工作中之所以不断地采取激励机制和必要的手段旁敲侧击，为的就是保证在不利情况下很好地完成任务。

当然单有外力的敲打还不行，自己必须有很好的内功，就是要有良好的心态，要有必胜信念和战胜困难，勇往直前的精神。在现实的工作和生活中，有了强烈的事业心、进取心和责任感，就不会满足于现状。推行"茶生活"方式的理想科技集团有限公司董事长焦家良，就是一位善于调整自己的"心理高度"的企业家。

焦家良药学出身，年轻时的梦想就是开发一种新药造福社会。经过努力，他开发研制出排毒养颜胶囊等系列药品，发展领域逐渐涵盖了药、酒、茶、食品、地产和矿业，引领多个产业的共同发展。1996年，焦家良在楚雄兴建盘龙云海药厂的时候，他在顶楼竖了"为了理想，全力以赴"八个大字。企业在发展过程中，无论是遭遇不正当竞争，还是2007年普洱茶泡沫破灭，市场重新洗牌，抑或是2008年的世界经济危机，企业始终在曲折中前进。在焦家良看来，这都是得益于坚定的理想信念。在焦家良的理念中，理想信念就是一种责任和使命，这个使命让他具有明确的目标，而不是只盯住眼前事，理想信念也赋予企业可持续努力奋斗的动力。在企业建设蓝图中，焦家良致力于把企业建设成为一个具有高度社会责任感的道德企业，更好地为实现中华民族伟大复兴的中国梦作出新的贡献。

理想信念是企业领袖引领企业发展的方向和根基，因为有了理想信念，才得以挡住诱惑，扎根实业；有了理想信念，企业才能找到归宿感，增强荣誉感，从而创造价值。

那么，作为企业领袖，应该如何调整自己的"心理高度"，坚定自己的理想信念呢？

一、树立强烈的事业心和责任感

高度的事业心、责任感是做好一切工作的前提条件，也是作为一名企业领袖先进性的具体体现。只有想干事，才能去干事、干好事；只有牢记责任，才能谈得上尽心尽力、尽职尽责。每一个企业领导者，必须对公司的事业负责，认真履行自己的职责，尽心做好分内的工作，真正把心思用到干事业上，做到在其位、谋其政、尽其责、用心谋事、用心干事，努力创造经得起实践检验的业绩，无愧于公司对自己的信任和选择。

二、满怀干事创业的激情

激情是一种状态，没有激情，就不会投入，就不会用心，就干不成事业。作为一名企业领袖，要把工作当事业去追求，做到高起点定位、高标准要求，全身心地、满腔热情地投入到工作中去，在工作过程中体现人生价值、实现人生追求，从工作成果中分享成功喜悦、获取成功快乐。如果整天就是一张报纸一杯茶，遇事绕道而行，不思进取，不求上进，理想信念淡化，宗旨意识淡薄，那么将一事无成，成为公司发展的绊脚石，被员工所遗忘。

三、工作中做到真抓实干

真抓实干，就要认真细致地开展工作，精心谋事、精细办事、精致成事。要深入一线，抓紧抓实。要脚踏实地，勤于耕耘，一个环节一个环节地落实，一个步骤一个步骤地推进，一个问题一个问题地解决。

四、较强的"三心"

所谓"三心"，指的是责任心、进取心和事业心。责任心是基础，进取心是动力，事业心是关键。"三心"较强的人，有自豪感、价值感，开朗乐观，对未来充满憧憬；"三心"较强的人，能冷静而又理智地对待得与失、成与败，不会为日常生活中的一些小事而忧愁，遇事能泰然处之，始终保持愉快的情绪；"三心"较强的人，热爱自己的生活，有生活目标，生活充实，心情愉快；"三心"较强的人，自然就会成为一个成功的人，一个幸福的人，一个高尚的人。

唐代诗人李白在《行路难》诗中写道："长风破浪会有时，直挂云帆济沧海。"意思是说，尽管前路障碍重重，但仍将会有一天乘长风破万里浪，挂上云帆，横渡沧海，到达理想的彼岸。企业领袖也应该有这样的理想信念，勇敢地肩负起企业的使命，抢抓机遇、勇于担当，始终保持工作的激情和锐气，奋发向上，为公司的发展，为员工的幸福贡献自己的力量。

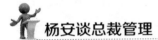

杨安谈总裁管理

理想信念是企业的灵魂。企业靠理想信念而活着，靠创新求变而动着，靠精耕细作而发展着。对于企业的发展而言，理想信念就是灯塔，指引企业的发展方向；信念是支柱，给予企业无限的信心和保障。

构建公司愿景，点亮员工理想之灯

企业领袖共有的一个品质是，他们能够通过明确、清楚地表达和沟通，使"企业愿景"成为企业关注的焦点。曾担任通用电气集团 CEO 的杰克·韦尔奇说："好的企业领导者创造愿景、清晰明确地陈述愿景、充满真情地享用愿景，并不屈不挠地实现愿景。"可见愿景应该是员工能够看得见并通过奋斗可以摸得着的。

在每一个企业领导者的脑海里，几乎都装着企业未来的壮丽景象。

比如，深圳万科的愿景是"成为中国房地产行业持续领先者"；海尔的愿景是"员工心情舒畅、充满活力地在为用户创造价值的同时体现出自身的价值，海尔集团将在创造全球品牌的同时实现对股东和社会的卓越回报"；联想集团的愿景是"未来的联想应该是高科技的联想、服务的联想、国际化的联想"。这些企业在美好愿景的鼓舞下都取得了不菲的业绩。

但有的企业愿景没能成为企业上下由心认同、齐心共筑的未来景象。这里面的原因有很多，比如雇主与员工、领导者与普通职员利益思考的差异；只有宏大的目标，没有可相信的分解的过程；员工缺乏对企业的归属感与信任，等等。

那么，如何构建企业愿景，并点亮全体员工的理想之灯，把它发展成为大家的共同理想呢？要想让企业愿景成为振奋士气，催发大家前进的武器，以下4个方面的努力必不可少。

一、景象清晰

愿景的两大基本特征是目标宏大和需要长期坚持奋进，也正因为如此，企业愿景一旦设定规划不好，往往就会变成好高骛远的虚景，与空喊口号无异。为此，研究如何建立成功企业的胡佛在其《愿景》一书中，将清晰与持久作为达成企业愿景的两大重要条件。

实现企业愿景的战役就是一场持久战，这很好理解，但愿景的清晰化呢？它首先应该如图像般可描述可感知，其次愿景之后必有支撑。

以世界纸业十强之一的 APP 为例。这家企业的愿景是"透过林、浆、纸一体化，建设成为世界最大、最强的绿色循环产业。"其中的过程、目标、产业限定都有了，可是何为一体化、最大、最强与绿色循环呢？APP 对每一个节点都作出清晰的解释，实现了企业愿景的清晰化。

比如"绿色循环"就被定义成"植树造林及制浆造纸的绿色大循环，到废纸回收还原再生的小循环"。

二、看得见的好处

目标再伟大、口号再煽动、企业领导者的讲话再有感染力，如果没有员工看得见的好处，顶多也只能换来一时的振奋。这也就是为什么多数企业的愿景最终沦落为老板孤军奋战的原因。随着更多新员工的加入，如何让愿景成为大家由心认同的同一奋斗目标，更值得企业重视。

怎样才能做到这点呢？很重要的一点就是：找到企业与员工发展及利益的趋同性，展现大家能够从逐渐实现企业愿景的过程中所能实现的价值、所能得到的利益。这需要我们将企业愿景和员工个人愿景进行趋同性统一。

在世界500强企业3M公司实现企业愿景的征程中，就很好地将员工的个人愿景与企业愿景进行了统一。比如，你要当发明家，要做自己产品的操盘手，你就可以向公司申请资金用于启动自己的个人项目，时间在工作时间的15%以内即可，公司也允许项目的失败。正是这种将企业愿景与个人愿景相互转化的做法，让3M公司在百多年历史中能够开发6万多种高品质产品，并总能及时推出令人耳目一新的产品。

三、建立信任

企业愿景只有获得员工的信任，才能达成共同目的。为此，有必要将员工当作自己的事业伙伴，诚信对待；员工要能从中分享到好处；在实现愿景的途中能享受到利益，并不是愿景实现了大家才能分享，而是每实现一个分期的目标，都能因此及时地分享到利益；企业领导者要身体力行，而不是一边讲着伟大的企业愿景，一边干着背道而驰的事。只有这样，才能上下齐心，众志成城，最终达成目标。

四、合理分解

每一个愿景都堪称伟大，不是一蹴而就的，正因如此，将愿景进行分解，就更显其必要性。如何分解呢？以下4方面很重要。

一是分为不同的阶层。我们已经知道要将企业愿景落实成个人愿景的必要性。但在现实中，企业中的不同阶层往往在个人愿景上存在很大的差异，因为高层、中层及其基层员工的视野、需求是不同的，即便是同一阶层中的不同部门与个体，所面临的问题、所在乎的利益也都可能存在不同。在这种情况下，我们要找到那些求同存异的契合点。

二是分为终极目标与阶段性目标。愿景是10年、20年，甚至是需要终生乃至几代人的努力才能达成的。围绕这个周期内的终极目标，自然是需要设定一个个更容易达成的阶段性任务。这就像吃包子，不是说吃到第三个包子的时候饱了，就把第三个包子给大家吃，而是前面的两个包子也得给。

三是明确支撑的细节。一个愿景需要许多的支撑点。以海尔为例，"员工心情舒畅、充满活力地在为用户创造价值的同时体现出自身的价值"作为它的愿景，但在愿景的下面，创新的核心价值观，敬业报国、追求卓越的精神，迅速反应、马上行动的作风，人人是人才、用户永远是对的服务准则，等等，无不在支撑海尔人对企业愿景的理解与追求。

四是注重不同的达成环节。企业愿景最开始往往是领导者心中的图腾，但要实现，最终却需要兼顾员工的个人愿景，把它变成大家的共同追求。在这个过程中，有两个环节显得异常重要：其一，时刻进行灌输。愿景要得以实现，就必须让它牢牢地驻扎在大家的心里，这就需要领导者时刻地宣讲、持久地灌输。为了让它被正确地理解并行进在正确的轨道上，还需要制定一系列的监督及保障执行的措施，以确保企业愿景能更好地得以理解与执行。其二，进行动态调整。一个愿望实现了就会有第二个愿望，这也就是在不同的阶段会提出有所差异化的愿景的原因。愿望虽变了，其愿景的核心精髓却在不停地累积与传承。

总之，愿景是描绘企业期望成为什么样子的一幅图景，它反映了企业的价值观和渴望。只有对愿景进行清晰地描述，让员工有看得见的利益，并在实现愿景的过程中帮助员工建立信任，同时对愿景目标实行分解、各个击破，才能真正实现远景规划的合理性和科学性，才能点亮员工的理想之灯，激发众人斗志，最终达成愿景目标。

 杨安谈总裁管理

企业领导者是企业中的灵魂人物，是企业领袖。一个成功的企业领袖，除了专业能力要服人，更要懂得创造共同愿景，激励成员士气，并且让部属跟着你有成长的机会。

凭理想和信念带领企业走出危机

什么样的企业领袖更能带领企业走出危机，获得上佳表现？是那些具有远大理想和坚定信念的人。这种人的领导力非常强大，正如领导力大师沃伦·本尼斯所说："领导力就像美，它难以定义。但当你看到时，你就知道。"

每个企业都是经济链条中的一环，每个企业的稳定或崩盘都会影响到上下游的企业和员工。尤其是在产业链条中的龙头企业面临危机时，对企业领袖提出了极高的要求。

一、把危机化解在萌芽阶段

面对信息传播方式的变革，企业的危机公关工作遇到了巨大的挑战，调整、改进危机公关工作，加强危机的事前、事中、事后管理是企业求得生存和发展的必由之路。加强危机事前管理可以及早发现危机因素，并且采用相应的方式消除这些因素，把危机化解在萌芽阶段。这种事先预防，对于企业而言是最经济、最有效的手段。

二、坚定理想信念，在危机中寻找发展机会

作为企业的最高领导者，当风浪来袭时，要保持企业的愿景、核心价值观和使命不动摇，保持企业的战略不动摇，唯有如此，企业这艘大船才不会偏离航向。

李宁（中国）体育用品有限公司董事长李宁，是个理想远大、非常具有使命感的人，致力于打造世界一流的中国运动品牌，无论外界风云如何变幻，他始终不曾动摇自己的梦想和使命。他不仅坚定地捍卫着使命和梦想，还将使命和梦想写入企业发展纲要，通过培训等形式，转化为员工的自觉认知。

苏宁云商集团股份有限公司，是中国商业企业的领先者，经营商品涵盖传统家电、消费电子、百货、日用品、图书、虚拟产品等综合品类。该公司曾经在经济危机期间取得骄人业绩，其重要原因在于，董事长张近东对企业发展战略拥有清晰的方向，制定了连锁发展规划，坚持标准化、信息化、专业化的连锁发展模式，在人才培养、信息化建设、服务网络搭建、物流基础建设等方面同步配套甚至超前投入。2009 年，苏宁仍制订了全年 200 新店的发展规划，同时签约、建设了九大物流基

地，在基础建设上下足了功夫。

三、直面现实，做到沉着冷静

创维集团董事局主席兼 CEO 张学斌认为，危机时期，企业领袖首先需要沉稳、冷静，对局势做出清晰的判断。他认为，危机不但不会给国产电视机品牌带来冲击，反而提供了一次难得的发展机遇，因为国际电视品牌在欧美市场遭遇了重创，这必然会对它们在中国市场的表现产生负面影响。国产电视品牌在 2009 年整体表现出来的乐观态势，印证了张学斌的判断。

苏宁集团董事长张近东也认为，企业领袖要自信和坚韧，对于企业自身抗御危机的能力，企业领袖本人必须要有明确的判断，并将判断的结果转化为员工和团队的信心，增强整个企业面对危机时的韧性。

有一家人力资源机构曾经做过一次全球范围的企业领袖调研，发现在危机时期表现优异的企业领袖，都具有冷静的头脑，危机来临时，能听取各方意见，对形势做出客观判断，并做出基于事实的决策。

四、果断决策，真诚沟通

在危机时期，企业领袖一定要快速处理问题，"大事化小、小事化了"这种情况绝对不可能在危机时期出现，延误了解决问题的最佳时机，局面很可能变得难以控制。

困难时期，需要企业领袖迅速做出决策，因此，他们会更频繁地与董事会保持沟通，并忙于应付投资者、分析师、媒体、供应商和零售商，很容易忽视员工。但此时恰恰是企业领袖们需要多与员工沟通的时候，因为向员工通报最新情况是消除个人担心、提高员工对管理团队信心的一种有效方式。

"坦诚"是危机时期企业领袖尤须保持的品质，因为危机时期总是流言蜚语最盛的时期，企业领袖一定要将真实情况告知员工和媒体，以真诚击破流言。

五、建立危机管理体系

企业将危机管理纳入到企业的战略当中去，建立一套严密的危机管理的体系，未雨绸缪、运筹帷幄，以适应现代企业的健康良性发展之需要。

有效的危机管理体系是一个由不同的子系统组成的有机体系，如信息系统、沟通系统、决策系统、指挥系统、后勤保障系统、财物支持系统等。因而企业危机管理的有效与否，除了取决于危机管理体系本身，在很大程度上还取决于它所包含的各个子系统是否健全和有效运作。任何一个子系统的失灵都有可能导致整个危机管理体系的失效。如果一个公司的领导者是在吃早餐时看新闻知道危机来临的话，可能丰盛的午餐已经痛苦地丢失了。

总之，风险和危机，它不随我们的意志为转移，该发生时必然发生，只不过有时我们可以控制某些危机。危机不幸发生时，使遭受的损失不至于达到致命的程度，也就是说，我们可以用我们的智慧使这些不幸的损害降至最低。

杨安谈总裁管理

一个企业领袖能否带领企业走出危机，再创辉煌，取决于企业领袖的素质，取决于企业领袖是否真正懂行，是否能够组建一个有战斗力的团队、制定正确的战略。危机时刻企业领袖的领导力就是他的个人魅力、战略指引能力、战略举措的执行能力。

总裁管理智慧五

开阔胸襟，成就事业

比地大的是海，比海大的是天，比天大的是胸怀。一个企业领袖有多大的胸怀，就能成就多大的事业。当你以开阔的胸襟去感触生命中的人和事，用一颗感恩和感动的心去感激你身边的朋友，你不仅会觉得这个世界变得更美丽，而且事业上也会更上一层楼。

　　我们都看到过大肚"弥勒佛"，大肚就是心胸宽广，心胸有多大，团队就有多大，就能成就多大的事业。事实上，不是你先建起一个庞大的团队后再去有胸怀，不是宰相肚里能行船，而是能行船者当宰相。

企业家的主动意识与开放胸怀

企业家是社会财富的创造者，是创造社会财富的稀缺资源。一个真正的企业家的脑子里至少有两根弦：一根叫意识，一根叫心胸。正是由于他们凭借积极主动的意识和开放开阔的心胸，在一次次冒险、一次次全新的尝试中，才把企业做大做强，也让生命从此与众不同。

企业家的主动意识和开阔心胸体现在以下几个方面：注重人本管理；热衷于创新；致力于提升产品质量；积极参与市场竞争；努力建设企业文化；具有强烈的社会责任感。

一、注重人本管理

人是社会发展的根本，是企业发展的第一要素。在市场经济条件下，企业要健康、快速发展，最重要的是最大限度地开发人力资源。一个企业，衡量它的改革是否成功，管理是否科学，根本的一条是看它是否树立了人本意识，是否把员工的积极性、创造性真正调动起来。

海尔公司总裁张瑞敏有个精辟的论述，海尔追求的"第一产品"是企业人才，而销售出去的家电等则是"第二产品"。把人才和知识放到企业的核心位置，是海尔企业成功的经验。

面对知识经济的挑战，海尔把掌握和运用知识的人才视为企业成功之本，不但重视人才和扩大智能资本管理，实施人才"第一产品"战略，制定"激活休克鱼"措施，而且全面开发知识资源，大量吸收高学历、高科技人才加盟企业，激发企业科技创新，使海尔高新科技产品层出不穷。

二、热衷于创新

创新是一个企业发展充满活力的源泉。2008 年 6 月，《IT 经理世界》联合清华大学技术创新研究中心启动了第 3 届"中国杰出创新企业"评选。在历时 5 个多月的时间里，经过学者、专家、行业协会、咨询公司等多渠道的推荐，评选活动共获得了上百家企业的提名，我们与其中的大部分企业都进行了深入的交流。最后经过 7 名评委的综合评议，10 家最优秀的创新企业脱颖而出。

在当时，这些入选企业的创新力具体表现在以下 3 个方面：一是营销上的持续创新。无论是李宁、上海家化、腾讯还是双鹿电器，他们在公司的历史上都在营销模式的创新上颇有建树，如今他们又在不断地超越自己，推出更为大胆的创新营销模式。二是流程上的持续创新。广东移动、红孩子和海王星辰，他们都在采用最先进的 IT 系统和手段对自己最为传统的企业流程进行改造，从而进一步提升公司的运营效率和客户满意度。三是企业生态系统的持续创新。陶氏、GE 和淘宝，他们所从事的行业看起来各不相同，业务模式也不尽相同，但是却都在构建有利于自己的新生态系统，从而颠覆行业中传统的经营方式。

创新始终是一个动态的滚动发展过程。作为一个明智的企业家，必须牢固树立创新意识。在当代，企业创新是企业参与市场竞争的重要战略，是关乎企业生存发展的核心要素，更是影响地区经济发展和科技水平提升的重要因素。

三、提升产品质量

质量是企业和产品的生命线。"以质量求生存，以信誉求发展"已成为众多企业通用的口号。企业产品生产出来以后，能否在市场上立足，能不能打开市场，这就要看产品的质量。产品要想经得住市场的考验，产品质量、售后服务就必须高人一筹，也只有这样，产品才能得到用户认可，企业才有生存希望。

奔驰汽车公司一直将"精益求精"作为经营宗旨。在整个生产、经营过程中，从产品构思、工艺设计、样车研制，批量生产直到售后服务，"精益求精"4个字一直贯彻始终。为保证产品质量真正做到不合格的零部件坚决不用，不合格的成品坚决不出厂，在奔驰汽车公司，从上到下形成了一个质量控制监督网。各厂、车间、班组层层设立了质量保证机构，派有专人检验质量。在奔驰汽车公司的工厂中，搞生产的工人有1/7是进行质量控制和检验的，第一个引擎就要经过42道检验。奔驰公司许多零部件由协作厂提供，而零部件的质量直接影响到汽车的质量，为此，奔驰公司检查协作厂商所提供零配件的工作人员有1300多名，并规定，如果一箱里有一个零件不合格就全部退货。由于长期严格坚持这一制度，协作厂商都能自觉地提高零部件质量。

坚持"精益求精"的原则还体现在奔驰汽车公司高质量的售后服务上。在奔驰汽车公司的销售处，人们可以看到奔驰公司生产的各种车的图样，帮助顾客了解汽车的性能和特点，顾客如对汽车颜色、外观、内部装修、附加设备等有特殊要求，厂方可以按需生产。为了搞好维修、保养工作，奔驰公司仅在德国国内就设立了1700多个服务站，服务项目从换机油、检修、急送零部件，乃至利用电子计算机进行运输咨询服务，可谓应有尽有。在强大创新力的基础上，"奔驰"品牌已经成为了企业的招牌，是企业的名片，是企业的形象。

四、参与市场竞争

竞争是市场经济主要的标志。市场经济是竞争经济，竞争是无情的，"胜者为王，败者为寇"。即使在市场经济运转正常的情况下，由于有些企业家缺乏竞争意识，从残酷的竞争中败下阵来，也是常见的。

世界500强企业年年都发生变化，有些企业从中消失了，又有一些企业挤了进来。企业家也是这样，有些企业家沉下去了，又有些企业家浮了上来。那些浮上来的企业家，大多在企业管理中建立了稳定的市场网络、信誉体系及灵敏的信息反馈和预警系统。

五、建设企业文化

企业文化是企业品位高低的重要标志。企业作为经济竞争的基本个体，不仅具有经济特征，而且还带有生命个体的特性，企业文化就是这种生物性特征的集中反映。

惠普文化常常被人称为"惠普之道"，它有5个核心价值观：一是相信、尊重个人，尊重员工；二是追求最高的成就，追求最好；三是做事情一定要非常正直，不可以欺骗用户，也不可以欺骗员工，不能做不道德的事；四是公司的成功是靠大家的力量来完成，并不是靠某个人的力量来完成；五是坚持不断的创新，做事情要有一定的灵活性。这5个核心价值观像是5个连体的孪生兄弟，谁也离不开谁。

六、具有强烈的社会责任感

社会责任是企业家的神圣使命。企业在其经营过程中，不仅要赚取利润对其股东负责，同时也要对其赖以生存、发展的环境和社会负责。

现代企业不仅仅是经济范畴的企业，要追求利润最大化，而且是法律范畴的企业，是道德范畴的企业，要做好的"企业公民"，要承担社会责任。

2012年12月14日，由《第一财经日报》主办的"第一财经·中国企业社会责任榜"在上海隆重揭晓。A.O.史密斯与IBM、通用、大众、交通银行、海航、百威等知名品牌一起荣获"杰出企业"大奖。"杰出企业"是本次评选中的最高奖项，A.O.史密斯以在企业社会责任领域的杰出贡献，第二次获此殊荣。

作为一家拥有138年历史的美国企业，A.O.史密斯在创始之初就提出"重视科研，不断创新""保护环境，造福社区"等价值观，在公司一切生产经营活动中都贯彻和实践"绿色环保"的理念，坚守"股东满意、客户满意、员工满意、社会满意"的"四个满意"核心价值观，注重与利益相关各方"价值共享"的和谐关系，始终践行着自身的社会责任，与主办方"共享价值"的宗旨完美契合。

总之，现代企业家的雄心壮志与创业成就，体现了他们主动的意识和开阔的心胸，在管理过程中实现了企业价值和自己的人生价值。

 杨安谈总裁管理

企业家是企业的领头人、主心骨。企业的一切经营活动都是在企业家的领导下进行的。企业家的精神境界深刻地影响着他们对各种实际问题的认识和处理，进而决定了其日后的发展和命运。在复杂多变充满风险的市场经济条件下，企业家凭借自己的智慧和胆识，洞察并抓住别人熟视无睹的赢利机会，开拓市场，创造利润。

培养宽阔胸怀，需要七重境界

一个卓越的企业领袖应该具备哪些素质？优秀的思想品格，独特的领导方式，良好的心理素质等，这些都与企业领袖的眼光与胸怀息息相关。想要在商场成就一代霸业，企业领袖必须要具备独特的眼光和宽阔的胸怀。一个企业领袖只有具有宽阔的胸怀，才能团结一切可以团结的力量，调动一切可以调动的积极因素，为实现目标服务。

宽阔的胸怀是可以培养的，这需要企业领袖从管理学角度认清宽容的内容和层次。宽阔的胸怀从低到高可分成七重境界：容人之短；容人之异；容人之过；容人反对；容人之长；容人分享；严于律己。

一、容人之短，不求全责备

企业领袖要允许下属有短处，这属于企业领袖的底线标准。现实工作中不存在没有缺点的人，一个人很难做到完美，即使能做到，因为知觉偏差的存在，人们对同一行为会有着不同的评价，也不认为是完美。所以，对别人不要求全责备，对自己也不必苛求完美。

"现代管理学之父"彼得·德鲁克曾经指出：倘要所用的人没有短处，其结果至多只是一个平平凡凡的组织。所谓样样都是，样样精通，可能一无是处，样样稀松。有高峰必有深谷，才干越高的人，其缺点往往也越显著。正如列宁所说："一个人的缺点就是优点的延续，优点是缺点的延续。"

当年美国南北战争期间，林肯开始选用的是没有什么缺点的将领做统帅，但战绩很糟糕。林肯非常不解，经过深入分析，他发现南军那些将领身上大多缺点、优点都非常明显，统帅李将军却能扬长容短，因而战果辉煌。林肯受到极大的启示，他大胆任命格兰特将军为总司令，发挥他"善统兵打仗、可决胜千里之外"的帅才优势，而容忍他"嗜酒贪杯"的弱点。南北战争的历史事实证明林肯选择格兰特将军做统帅是多么正确。

二、容人之异，接纳多样化

这里的"异"，是指人与人存在着差别。一个员工在其发展的不同阶段也存在着差别，企业领袖要正视差异，尊重差异，将差异看成资源。承认差异，就是要承认人的秉性、能力方面的差异，承认利益方面的差异。

国内某著名大学的 A 学院当年是由 C 系和 B 系合并组成的，院长由 C 系系主任担任。在工作中，该院长胸怀不够，偏爱原先 C 系的教师和职工，不习惯、不喜欢原先 B 系教职员工的行为方式，尤其糟糕的是，他在分配上厚 C 薄 B。开始大家只是有些不满意。但这位院长一直无法纠正自己的偏见，不能接纳差异，不能一碗水端平，使得矛盾越来越激化。最后，这位管理者在原 B 系老师的抗议声中不得不离开院长位置。

国内一所著名大学与另一所著名大学相互合并，前者的商学院吸收合并了后者的会计、统计系。但商学院院长从不偏袒任何一方，对新旧员工一视同仁，而且从新来的会计系老师中重用了很多能力过人、优秀的年轻教师，使新来的老师产生了很强的归属感，这极大地增加了老师们的认同感和积极性，结果使商学院的事业蒸蒸日上，院长也很快被提拔到更高的管理岗位上了。

三、容人之过，免去下属隐忧

"人非圣贤，孰能无过"，在工作中，若要探索一些新的方法，常常就会犯错。如果总盯着下属的短处和过错，就可能束缚下属的手脚，弱化他们的探索意识。重庆力帆集团的创始人尹明善有一句经典名言，"鼓励成功，宽容失败"，正是这种胸怀，才有力帆公司的产品创新、营销创新、模式创新，从 1992 年创立时的 20 万元资金，9 个人，历经 20 多年已增长了 1000 多倍。

容人之过，还包括包容别人的误解、委屈，宽容下属的一些偶然出现的无礼、失态，乃至某种程度的背叛行为。例如，楚庄王在"绝缨之会"中的宽大为怀，赢得了将领后来为他拼死向前的忠心；曹操在取得"官渡之战"的大捷后，烧掉了从袁绍处缴获的许多与袁绍暗通款曲的信件，安定了军心；战国时期蔺相如以国家利益为重，不计较老将廉颇的误解、无礼，不与后者争高低。这些都是容人之过的典型。

四、容人反对，听进批评意见

如果一个领导只能听赞歌，听不进不同意见，就会严重抑制那些、由少数派提出的、可能是不同寻常的观点，就有可能犯错误。但是，本能上人们常常是自我中心的，相信自己正确，都喜欢听表扬，不喜欢不同意见。所以，能虚怀若谷，听不同意见甚至是反对意见，是不容易的。

宋朝有名的王旦与寇准分别为中书省和枢密院的长官。寇准一代名臣，建功立业、多谋善断传为美谈，但他有个突出的缺点，是喜欢"打小报告"，他常在宋真宗面前批评王旦，而这些背后批评很快就传到王旦耳朵里，但王旦对此毫不介意，常在宋真宗面前表扬寇准，还认为寇准批评他是"理所当然"的，因此得到朝野上下一致的好评，成为一代名相。

北宋政治家、文学家王安石才干突出，其变法的出发点、宗旨、措施都符合当时宋朝具体的情况，但他急于求成，听不进不同意见，更反感反对意见，凡有相反意见，一律痛斥。最后因为胸怀不够，树敌太多而不得不黯然"下课"。王安石变法失败的原因很多，其不能吸收不同意见乃至反对意见是重要的原因。

五、容人之长，不嫉贤妒能

容人之长，包括能与别人分享对方的喜悦、得意，能为别人提供表达喜悦的机会；允许他人在某些方面比自己强；不妒忌别人的长处和成功。企业领袖要容人之长，有甘为人梯的精神，乐于别人在工作上、事业上超越自己，不嫉贤妒能。

刘邦在总结楚汉相争夺取天下的经验时说："夫运筹帷幄之中，决胜千里之外，吾不如子房；镇国家，扶百姓，给馈饷，不绝粮道，吾不如萧何；连百万之众，战必胜，攻必取，吾不如韩信。此三人者，皆人杰也，吾能用之，此吾所以取天下者也。"这段话早已传为美谈，说明了刘邦肯容人之长的宽阔胸怀。

隋炀帝杨广短命误国的原因很多，但其心胸狭窄，容不得下属的长处是重要的方面。隋炀帝爱好文学，确实也有才气，在同时代文人中可以算是佼佼者，但他好大喜功，自恋情结太重，权坛称老大也就罢了，在文坛也要称老大。当时著名文人薛道衡的名句"空梁落燕泥"，竟遭杨广嫉恨因而获罪致死，传说薛道衡临刑前，隋炀帝曾以嘲弄的口气问他："汝还能作'空梁落燕泥'否?"其心胸狭窄可见一斑。

六、容人分享，不独占资源

在领导的过程中，常常需要分享，分享客户、财富、荣誉、机会、平台、乃至权力等，总之，需要分享资源，把自己所拥有的资源拿出来分享。

具有宽阔胸怀的企业领袖，需要舍得给予下属资源。反过来，肯分享财富、机会、权力等资源的企业领袖，因为其宽阔的胸怀，可以吸引到更多的追随者。

七、严于律己，成就企业领袖修养

企业领袖的胸怀不仅指正确对待下属，还包括严于律己。应该做到：严格要求自己，尊重规则和制度；正确认识自己，有自知之明，能看到自己的不足；勇于承认错误，承担责任。

战国时期赵国名将廉颇，得知蔺相如不计个人恩怨，以大局为重的宽阔胸怀，得知了他的大度和无私以后，遂主动"负荆请罪"，成就了"将相和"的佳话，成为严于律己、勇于认错的一段美谈，体现了一个优秀领袖敢于承认错误的修养。

总之，企业领袖的胸怀宽阔来自外因，也来自内因，包括对事业和理想的追求。胸怀宽阔，还需要自信，可以说，自信不一定胸怀宽阔，但胸怀宽阔一定是自信的。企业领袖的胸怀则决定了他的舞台。

杨安谈总裁管理

没有高度就不可能成为合格的企业领导者。没有胸怀的领导者不担职责，没有领导胸怀的领导者容不下能人，没有领导者胸怀的领导者容不下不利己之事，企业绝无成功之望。当然，没有领导胸怀的领导者也必然断送自己的前程。

宽容，卓越领导力的重要法则

宽容对于一个企业领导者个人而言，能使人生跃上新的台阶，带来良好的人际关系，利己利人，自己也能生活得轻松、愉快；对于企业而言，必定会营造出一种和谐的气氛，酝酿出蓬勃的生机。中国有句古语："有容乃大，无欲则刚"，"宰相肚里能撑船"，有多大的胸怀就能办多大的事。因此，宽容既是建立良好人际关系的一大法宝，也是卓越领导力的重要法则。

有一种名字叫"加拿大一枝黄花"的花，颜色嫩黄、花瓣小而碎，常常被作为玫瑰、百合、康乃馨等花的配花。火红的玫瑰与淡粉的百合，再加上几枝嫩黄的加拿大一枝黄花，这种色彩缤纷的搭配受到了很多人的喜爱。这种花在田野中会以其极旺盛的生命力和繁殖力而显得极其惹眼。当然，植物本身具有旺盛的生命力和繁殖力这本来无可厚非，可是这种花疯狂的生长态势会毫无控制地蔓延，所以它几乎"霸占"了土壤中的所有水分和养分，其他植物根本就无法继续生存下去。如此一来，原本是各种植物共同营造的和谐田野，现在变成了"加拿大一枝黄花"一枝独秀，自然生态环境的平衡性因此被严重破坏。如果其他植物会说话的话，它们必定会叫苦不迭地恳求人们迅速将霸道的"加拿大一枝黄花"赶出田野。

"加拿大一枝黄花"本来是我国从国外引进来的，引进这种植物的初衷是要丰富我国的天然植物品种，增加我国的植被覆盖率，可是没想到现在却适得其反。后来经植物学家研究表明，"加拿大一枝黄花"在国外之所以能够和其他植物平衡生长，是因为国外的植物种类中有它的自然天敌遏制其生长速度，而当其被引进到我国时，由于它的自然天敌没能形成，所以它的生长就失去了控制，于是就导致了人们要想办法除掉它的局面。

试想，如果"加拿大一枝黄花"没有那么"霸道"，凭借它的生命力和繁殖力，凭借它的实用性和观赏性，人们怎么会狠下心来对它"赶尽杀绝"；如果"加拿大一枝黄花"能够给其他植物以容身之地，如果它能稍微收敛一下，那它也不至于走到今天这个地步。

"加拿大一枝黄花"是没有思想的，所以它不懂得见好就收的道理，更不知道"海纳百川，有容乃大"的气度，所以它只能面对终被铲除的结局。

花是如此，作为万物之灵长的人呢？人的思想丰富，聪明伶俐，可是却经常犯下类似的错误。有的企业领导张扬、狂妄，不能给别人留一定的生存空间。其实不能容纳别人便是和自己过不去，不给别人以施展的机会，所以最后他们自己常常没有立足之地，就像被铲除的"加拿大一枝黄花"一样。

企业领导假如没有宽容的气度，会使员工们好的建议与思想都停留在头脑中，很多经营的好点子或是市场的危险信号也都无法反馈到决策层，使信息断层，最终影响企业的决策，这对于需要不断创新的企业来说更是致命的危险。

宽容的基本标志就是容人、容事，即能够容得下不顺眼的人、听得进不顺耳的话、装得下不顺心的事。企业领导者只有从这两方面努力，才能真正把握宽容的艺术，提升你的领导力。

一、容得下不顺眼的人

人与人的差异是客观存在的，所谓宽容，本质就是容忍人与人之间的差异。不同性格、不同特长、不同偏好的人能否凝聚在组织目标和愿景的旗帜下，靠的就是领导者的宽容。

国内企业中领导者最为宽容、宽厚的范例莫过于李宁了。李宁做公司董事长时大家公认其在经营上没有"经天纬地"之才，但他还是靠他"宽厚的性格"赢得了中国本土体育用品品牌 NO.1 的桂冠。这就是李宁的人格魅力，能忍别人不能忍之事，能容他人不能容之人。

李宁与陈义红合作近 15 年，陈义红在其公司"中国动向"上市后说："我要感谢李宁，如果没有他给我那样的机会和平台，我也不会拥有今天这些经验。幸好遇见的是他，因为像我这样你们称之为很霸气的人，如果没有他那样的老板，我们也不会配合那么多年，也可以说，也因为是我，我们才搭档了那么多年，才有了李宁和动向，我们双方应珍惜缘分。"如果营销管理者做到了李宁一样的"容人"，无疑成就了自己企业经营道路上的一座"丰碑"，因为你已经走向了真正的"企业管理"。

二、听得进不顺耳的话

人言有褒贬净谗之分，褒奖之语面前，应多认清自己的不足之处、不明之事，才不至于在褒奖声中迷失。贬抑之语面前，无论多么残酷、无稽，也要坦然处之。大将军韩信的"胯下之辱"无疑是对大将军驰骋天下、成就伟业的胸襟的一种锤炼。净言更要珍惜，在当今社会，每个人的个性都有了肆意张扬的环境，难免会有不经意的膨胀。净友净言无异于苦口良药，着实难得，更要听得进、记得住、改得快。最害人的是谗言，尤其是有了地位、有了有求于你的人后，易被谗言所蛊惑。乾隆是一国之君，可以说有宽容之量，他容得和坤的媚语搔痒，却更懂得用纪晓岚的净言来进行"中和"与"补偿"，以维持一种心理的平衡。宽容之人要善听、善辩、善纳、善弃，兼听则明，偏听则暗，不可偏颇。

三、装得下不顺心的事

大局意识是一个企业领导是否能够完成领导任务的重要前提。企业领导在日常管理工作中，往往都要想"大事"，做"难事"，同时也面临着各种各样的困难和压力，需要妥善处理各种各样错综复杂的关系；工作上千头万绪，有时还会遇到班子其他成员以及下级干部员工的不同意见，凡此种种，都要求一个领导者要有宽阔的胸怀。要"能容天下难容之事"，能化干戈为玉帛、化腐朽为神奇、化不利为有利，只有这样，一个企业领导才能真正成就大事，办成难事。

总之，对于居于上位的企业领导者来说，宽容是一种必须具备的素质。俗话说："金无足赤，人无完人。"其实也是说的这个道理。因此每个领导者要胸怀宽广，立足公司，放眼未来。

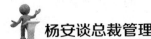

杨安谈总裁管理

宽容型管理是新经济形态下一种新型的管理理念与方式，也是世界上许多企业能保持旺盛而长久生命力的原因。宽容的管理态度表面看来和传统的企业讲求制度及层级结构相冲突，但实则宽容的管理方式是对制度的强化，而非冲突，可以有效削弱主观意识对管理工作的影响。还可以使制度具有更高的弹性，应对市场变化时也更能做出敏捷的反应，消除制度僵硬等弊端。

吃亏的胸怀，是一种处世智慧

人都有利己之心，面对诱惑、选择都会不自觉地趋利避害。大多时候我们会认为，确保自己的利益，争取更多的回报是一个人能力的体现，是成功的标志。然而，作为一个企业领导者，应该不拘小利，放眼大局，具有学会吃亏的大智慧。

古语有云："吃亏是福。"学会吃亏，就是要把吃亏当作成功的助推器，舍弃小利，注重长远利益，通过吃亏赢得别人的肯定和友谊。只有这样，才能在竞争激烈的市场上生存和发展。

一、把吃亏当作成功的助推器

有人说，人什么都可以吃，但就是不能吃亏，因为吃亏对自己是一种损失。而事实上，吃亏并非完全不利己，相反，有时它能成为你成功的助推器。

那年，约翰·阿奇博德来到标准石油公司上班，因为他是新人，加之憨厚老实，公司的一些老员工经常把该自己做的工作推给他做。刚开始，阿奇博德很热情，但时间长了心里就有些不乐意。尽管如此，他还是很少推辞，毕竟自己初来乍到，又没有什么背景，有些事情能忍则忍，尽量不去得罪他人。

阿奇博德根本没有想到，自己的友好与善良，换来的却是同事的得寸进尺，变本加厉。终于有一天，阿奇博德忍无可忍，在办公室里与同事大吵了一架，并决心尽快离开这个不如意的地方，另外寻找一份工作。

那天晚上，阿奇博德回到家里，满心委屈地向父亲诉说起此事。父亲听后，慈爱地说："孩子，如果你觉得这样做是正确的，或者这样做能够减轻你内心的痛苦，那么我不反对。可是，你能保证在新的岗位上，就不会遇到同样的问题吗？逃避不是解决问题的办法，你应该学会勇敢面对。也许你的同事是有些过分，不过，你换一个角度想一想，你刚刚步入社会，很多方面都需要学习，需要积累经验，同事让你帮忙，你正好有机会接触到你不了解的领域，这或许对你日后的发展有很大的帮助。吃亏未必是一件坏事，关键是你自己要摆正心态。如果你真诚待人，处处为别人着想，相信别人一定会理解你，毕竟人心都是肉做的，今天你为别人付出了，明天别人就会以另一种方式回报于你，并且你得到的远远比你失去的更多。"

父亲的话令阿奇博德茅塞顿开，于是他不再抱怨，也不再被动地接受，而是主动地帮助身边的人。果然，没过多长时间，阿奇博德就成了公司里最受欢迎的人，而那些曾经欺负过他的同事都成了他的良师益友。

后来，阿奇博德还把这种处事原则运用到了工作之中，不管公司的领导有没有安排任务，也不管做这件事有没有报酬，他总是不厌其烦地向别人介绍他的公司，推销他公司的石油，为此他还获得了一个特别的绰号——"每桶四美元"（阿奇博德签名时有一个习惯，喜欢在名字的下方写上"每桶四美元标准石油"）。

一次偶然的机会，标准石油公司总裁洛克菲勒听说了这件事，他感到十分震惊，也十分感动，他没想到世上有这样尽职尽责的员工，竟然把公司的声誉和产品当作自己的声誉和产品的来宣传。没过多久，阿奇博德就接到了公司人事部门的通知，让他担任一个重要的职位。再后来，洛克菲勒离开了标准石油公司，而阿奇博德成了他指定的接班人。

反观有的人就很怕吃亏，在利益方面平时不肯多牺牲一点点，在工作方面不肯多做任何工作，凡事要别人去干，在岗位上浑浑噩噩，得过且过。一旦遇到什么突发事件，就手忙脚乱，只会打电话请救兵，结果简直亏大了！

二、舍弃小利，注重长远利益

有一位靠卖纽扣成为富翁的商人，他开的店既不气派，也不宽敞，但却非常有特色。他的店除了卖纽扣以外，其他东西都不卖。他的纽扣不仅花色品种齐全，而且会想尽一切办法为丢了纽扣的顾客配上新纽扣。

这家小店的店主深知，世上的钱是赚不完的，而顾客比钱更重要。他每出售一枚纽扣，只赚几分几厘，从来不去攀比别人赚顾客多少钱，他更在意的是能"赚"到多少顾客。久而久之，这家小小的纽扣店在偌大的一座城市里人人皆知、家喻户晓。

在交易场所，这样的例子是屡见不鲜的：买方和卖方为了一点小利讨价还价，争执不休，结果不欢而散，双方都无利可赚，这样就有悖经商之道。精明的商人会爽快地与对方成交，宁肯让对方多占些利，他们更关注的是长远大计。

值得一提的是，吃亏也要遵循一定的原则。一般的亏可以不在意，如果太过分、太离谱，也仍要人们以此为信条，那就无异于纵容作恶或者养虎为患了。也就是说，"吃亏是福"并不适用于一切道德行为主体和范畴。对于那些专以损人利己为能事的恶人、敌人，就不能安于吃亏，因为这只会助长其变本加厉。

三、通过吃亏赢得别人的肯定和友谊

有句话说得好：你想别人怎样对你，首先你得怎样对待别人。如果一个领导者时时为自己计算利益，事事为自己谋求好处，并且无时无刻防备别人从自己身上沾走好处的话，不仅自己活得累，而且根本得不到朋友真诚的友谊。相反，如果你处处为人着想，时时关爱忍让，真诚待人，不怕吃亏，牺牲小我而承惠他人，把个人的利益得失放在大多数人利益之后，一定会获得别人的感情回报。

有一个人与朋友合伙做生意，几年后一笔生意让他们所赚的钱都赔了进去，剩下的只是一些值不了多少钱的设备。他对朋友说："全归你吧，你想怎么处理就怎么处理。"留下这句话后，他就与朋友分手了，没有相互埋怨。别人可能会认为，这个人真糊涂，自己一分财产也不要。但是后来，他的朋友做生意赚了钱后，又把他请了回来，两个人再次合伙奋斗，并最终做成了一家很大的企业。

只有牺牲一部分自己的既得利益，吃点儿小亏，才能留住人才，留住合作伙伴。手下的人跟着你有好日子过、有奔头，他才会一心一意为你效劳；生意上的伙伴同你做生意互惠互利，才不会转投别家，背信弃义。

总之，"吃亏是福"，能够真正做到这一点，是一种达观，一种超越，一种修炼，更是一种品质，一种胸怀！

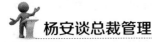

杨安谈总裁管理

吃亏是隐形投资，现在吃亏，将来才能享福。能吃亏是做人的一种境界，会吃亏则是处事的智慧，是一种大智若愚的表现。

泰山不让土壤，河海不择细流

"泰山不让土壤，河海不择细流"出自秦朝宰相李斯所著《谏逐客书》，原文是："泰山不让土壤，故能成其大；河海不择细流，故能就其深。"意思是说，泰山不舍弃任何土壤，所以能那样高大；河海不排斥任何细流，所以能那样深广。这句话告诉人们，不管做什么事都要从基础做起，从小事做起，细节决定成败。

有这样一个故事：

> 有一位非常出色的登山勇士，他发誓要排除万难，攀登一座高峰。在众人期待的目光中，他出发了。然而，他却最终以失败告终，出人意料的是，迫使他放弃的原因只是鞋中的一粒沙子。在长途跋涉中，恶劣的气候没有使他退缩，疲惫和饥寒没有使他畏惧，陡峭的山势没能阻挡他前行的脚步，难耐的孤寂没能动摇他坚定的信念。在攀爬中，不知何时一粒沙子落入鞋中。起初他并没有在意，因为在我们的勇士眼中，它实在是太微不足道了。是的，比起勇士在攀登高峰过程中所遇到的其他的困难来说，那粒沙子的存在简直可以忽略不计。然而，越走下去那粒沙子就越磨脚，到最后，每走一步都会伴随着锥心刺骨般的疼痛，他最终意识到这粒沙子的危害。他停下脚步，准备清除沙粒，但是却惊异地发现，脚已经磨出了血泡。沙子被清除出去了，可是，伤口却因感染而化脓，最后，这位登山勇士不得不放弃，因为他别无选择。

这个故事让我们为勇士感到惋惜，在为其惋惜的同时，我们更应该时刻提醒自己不要重蹈覆辙，不要轻视你身边的任何一粒沙子，因为它虽很小，但有可能就是我们前进道路上的最大障碍。

对于一个真正的企业家而言，企业要做大，一定会赢在细节，这也是现代企业经营理论所告诉我们的。小节通过量变可以质变成大节，以至于影响到事业的成败，所以专注于细节，是一种商业的胸怀。

谈到胸怀，人们更多想到的是"祖国""世界""全局"等字样。其实，胸中有"人"又何尝不是一种胸怀。比如：医学研究者胸中有病患，老师胸中有学生，公交车驾驶员胸中有乘客，这一切对于企业领导者而言，也是不难做到的。商业的胸怀在于实实在在地感动人，在细节处下足工夫，这是每一个企业领导者最起码的素质。

注重细节与兼具胸怀，是将企业做好的关键。小企业有大的胸怀，大企业要讲细节的东西。强大的团队绝非一朝一夕可以练就，它必须从点点滴滴做起，从最基础的做起，从每一个细节做起。

事实上，在企业管理实践中，需要关注的细节有很多，在这里我们只谈其中的两点，一是追求细节上的完美，二是排好每件工作的顺序表，相信可以起到抛砖引玉的作用。

一、追求细节上的完美

成功的标准，就是追求细节上的完美，这是成功领导的要求，也是成功领导的想法。如果每个人能这样想，无论做什么，品质都不会差，而且都不容易自满。因为很少有东西是完美的，即使是最好的产品都有缺陷。然而，无论在公司或组织中，就是因为领导设立这样一个完美的目标，可以提升每一个人追求品质的意识，使每个人做事都变得非常认真，因为每个人都在研究，要怎样才能把事情做得更完美。

如果说领导的一般法则是科学，那么，对细节的管理就是艺术，企业处理细节的能力就形成企业管理的能力。上海巨人网络科技有限公司CEO史玉柱在渠道管理上很细心，他对员工的检查还经常出其不意，上车后才决定查看哪一个销售店面，当销售经理在最好的销售店面做好充分的准备后，他却要求换店观看。每次去商场的脑白金销售点调查时，都首先看看有没有灰尘，是否有假货，以及生产日期等。史玉柱甚至常常选择乡镇销售店检查，这些店最容易被忽视却又最能体现管理细节。

对此，史玉柱的解释是："我曾经是一个著名的失败者，我害怕失败，我经不住失败，所以只能把不失败的准备工作做好。"

企业经常面对的都是些看似琐碎、简单的事情，却最容易被忽略、最容易错漏百出。无论企业也好，个人也好，无论有怎样辉煌的目标，如果在某一个环节连接上，某一个细节处理上不能够到位，都会被搁浅，而导致最终的失败。"大处着眼，小处着手"，才能达到管理的最高境界。

二、排好每件工作的顺序表

每一个人做事的时间和精力都是有限的，不制定一个顺序表，便会对大量事务手足无措。要想处理好这个问题，需要根据目标，把所要做的事情排列顺序。对实现目标帮助大的，你就把它放在前面，依次为之，把所有的事情排一个顺序，并把它记在一张纸上。这样，一张工作顺序表就写成了。

一位优秀的领导曾谈起他遇到的两个人。第一个是性急的人，不管你在什么时候遇见他，他都是风风火火的样子。如果要同他谈话，他只能拿出两三分钟的时间，时间稍长一点，他就会一再地伸手看表，暗示你他的时间很紧张。他公司的业务虽然很大，但是开销更大。究其原因，主要是他在工作安排上七颠八倒，毫无秩序。他做事不讲章法，也常被杂乱的东西所阻碍。结果，他的事务从来都是一团糟，他的办公桌简直就是一个垃圾堆。他经常很忙碌，从来没有时间来整理自己的东西，即便有时间，他也不知道怎样去整理和安放。

第二个人与上述那个人恰恰相反。你从来看不到他忙碌的样子，他做事非常镇静，总是很平静温和。别人不论有什么难事和他商谈，他总是彬彬有礼。在他的公司里，所有员工都寂静无声地埋头工作，各种东西安放得也有条不紊。他富有特色的有条理、讲究秩序的作风，影响并带动了整个公司的员工，大家做起事来都是按部就班，整个公司秩序井井有条。可以看出工作有秩序，处理事务有条理，在办公室里不浪费时间，做事的人心神安定，办事效率也极高。从这个角度来看，时间就会变得很充裕，领导者的事业也必能依照既定的计划去进行。

做企业需要注重的细节自然有很多，但是，只要企业领导者注重细节与兼具胸怀，认识到"细节决定成败"，在工作中关注细节，那么就能显示出一个企业家的胸怀，你的企业也一定会做大做强。

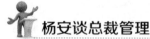

杨安谈总裁管理

细节能成就事业，但它也是个魔鬼，是对执行力的最大破坏者，关键是看领导者怎样对待细节。这里面体现了领导者宏观与微观的掌控能力，正所谓"注重细节与兼具胸怀"。要找到无价值的细节，就只有在实践中，以结果为导向进行一次又一次不厌其烦地演练，从中发现可能导致执行无效的问题细节。

总裁管理智慧六

控制情绪，传递能量

情绪是人获得成功、有所成就的最重要影响因素。现代心理学家将人的基本情绪归纳为两类：正面情绪有愉快、满足、镇静、喜悦等；负面情绪有愤怒、恐惧、焦虑等。

　　正面情绪像阳光，负面情绪像泥沼，投射在人身上是一种影响言行的能量。因此在情绪上，企业领导者只有提升心理素质，做到有效地控制，才能保持身心健康，也才能给团队传递出正能量，进而取得事业的发展。

情绪智力影响领袖作用的有效性

情绪能够影响人们的判断、记忆、创造力以及推理过程。积极的情绪能够使人在完成任务时更加灵活，更富创造性；消极的情绪使人更富有批判性，更善于参与评价性活动。情绪也有高低之分，也有"智力"，同代表知识储备的智力水平不一样，情绪智力是一种"软实力"。在企业管理实践中，领导者的情绪智力直接影响领导过程及有效性。

一、情绪智力有助于领导者提出集体认同的目标

集体认同的目标即宏观的长远的组织愿景，领导者能够运用情绪信息有效感知组织所面临的挑战、风险和机遇，对长期面临的不确定信息进行加工，为组织提供发展方向。而在做出决策的过程中，情绪将会起着重要的影响作用。提出有吸引力的愿景需要创造性和灵活性，而积极的情绪能够促进人的创造性和灵活性，具有高情绪智力的领导者能够充分运用积极情绪的这种功能。

领导者要想提出让所有成员感到有价值的愿景目标，必须能够辨别出什么样的目标能够激发起员工的自豪感和价值感。这就要求领导者具有较强地识别情绪和理解情绪的能力，了解员工的情绪状态，并且知道怎样能激发员工的情绪，明白员工不同的情绪状态会导致什么结果。

领导者不仅需要提出愿景，更需要在组织内部进行有效沟通。通过准确感知下属的感受，以及对下属情绪进行有效管理，领导者会让下属接受并认同组织的愿景，支持组织目标的完成，产生对愿景的认同感。例如，高情绪智力的领导者，往往会通过对下属表示信任以及提高下属的自我效能感，来让他们对领导者提出的目标产生积极的情绪。

二、情绪智力有助于形成和维持组织内部的良好氛围

领导者的情绪智力可以帮助领导者形成和维持组织内部合作、信任、热情和乐观的氛围。为形成这种良好的氛围，领导者必须能够准确感知下属的情绪，理解影响他们情绪产生和变化的原因，预期在不同的情景中下属的不同反应，并进行有效调控。领导者能够通过情绪管理的策略让下属意识到问题所在，感受到组织的集体愿景，并拥有信心解决问题，对组织及自己充满信心。

领导者在管理组织的过程中经常要处理大量的问题，有些是关于人际冲突的，如下属之间的冲突、部门之间的冲突、员工与客户之间的冲突等。这些人际冲突的问题有些比较容易解决，有些则很难解决，会让人产生很大的压力。领导者不仅要处理这些问题和冲突，还必须能够有效解决，使团队成员恢复相互信任和合作的氛围。具有高情绪智力的领导者，更能进行建设性的思维，通过双赢的方式解决问题，促进组织内的信任与合作。

三、情绪智力促进有效计划和决策

计划和决策在领导的职能中虽然是逻辑性较强的活动，但有效的计划和决策需要收集各种信息，这些信息不仅包括事实方面的，还包括情绪方面的。情绪信息作为一种引导注意力的信号，可以告诉领导者当前

环境中哪一个因素需要优先注意，哪一件事情需要优先解决；可以提示领导者面临的问题和机遇。能够准确感知情绪信息并理解情绪产生原因的领导者，在决策过程中更能充分运用这些信息，灵活地发现问题，找到解决问题的方法，避免做无效努力，提高决策效果。

四、情绪智力有助于有效沟通和激励下属

沟通在团队建设中的作用可以比作黏合剂，当这种黏合剂的力量不够时，团队就难以形成一个有效的整体。有效的沟通需要具备以下两个条件：一是传递的信息是沟通者希望传递的；二是传递的信息能够被对方准确地接受和理解。在传递信息时，领导者必须考虑怎样对信息进行编辑，采用什么样的方式进行传递最能够为对方接受和理解。因为不同的情绪感受会影响到对信息的加工和理解。而要有效地对下属进行激励，领导者必须善于理解复杂的情绪，并且了解情绪之间是如何相互转化的。

五、情绪智力有助于形成良好的人际关系

作为一名企业领导者，要想与下属或客户建立良好的关系，必须具备较高的情绪智力，能够在员工表现好的时候及时给予积极反馈，在下属出现错误时能够及时给予批评和真诚的帮助。所以，能够识别下属情绪之间的相互转化，能够进行有效的情绪管理，善于采取正确的方式引导出下属的积极情绪，是领导者必备的管理技能。

六、情绪智力有助于形成组织认同感

组织认同感来自组织文化。通过组织文化使成员形成具备意义感和价值感的组织认同感。从这个角度讲，领导活动一个重要的部分是建设

企业或组织文化。组织文化根植于组织成员共享的观念，包括价值观、信念、规则等。因此，组织认同感的形成对于有效的领导来说是非常重要的。价值观、规则、信念等能够激发出人的情感。对组织文化的管理，在某种程度上就是对情感的管理。因此，领导者应该用一种能够引起强烈情绪体验的方式来表达和沟通这些价值观，让下属产生对组织价值观的认同。

总之，领导者能够运用情绪信息有效感知组织所面临的挑战、风险和机遇，需要对长期面临的不确定的情绪信息进行解读、转化，为组织提供发展方向。

 杨安谈总裁管理

情绪智力在领导有效性中起重要作用，有效的领导者能有效解决组织冲突、协调成员关系、改善组织氛围，促进组织绩效提高。对于领导者来说，处理人际关系问题占其工作的相当一部分比重。因此，情绪智力对领导者成功地完成领导任务，达到自己的角色要求，是必不可少的。

管理团队情绪，传递情绪正能量

团队的情绪总是在波动的，有时候饱满激昂，有时候也会表现出萎靡颓丧。如果团队的情绪是积极的、正向的，团队就能够产生优秀的业绩；相反地，如果团队情绪低落，正常的工作业绩恐怕也很难保障。对于驾驭信息、传递团队情绪正能量，我们从"望梅止渴"这一成语典故中可以获得启示。

曹操率领部队远征，山道崎岖，天气炎热，行军的速度越来越慢，有一些体弱的士兵竟晕倒在路边。可是，大家连水都喝不上，又怎么能加快速度呢？曹操脑筋一转，用鞭子指着前方说："将士们，我看见前面有一大片梅林，那里的梅子又大又好吃，我们快点儿赶路，绕过这个山丘就到了！"士兵们一听，口内生津，精神大振，步伐也不由得加快了许多。

"望梅止渴"的故事告诉我们，团队成员的情绪受到他们接受的信息的影响。在团队中，这些信息可以是团队的发展方向、战略决策，可以是来自更上级领导的指示、命令，也可以是来自团队外部的其他因素等。而来自团队领导者的信息是最直接，也是能够产生最强烈影响的信息。

团队成员的情绪表现分为两类：一类是负面情绪，包含恐惧、仇恨、愤怒、贪婪、嫉妒、报复等，在工作过程中引起职业倦怠、紧张、焦虑、不满、偏激等行为表现；另一类是正面情绪，包含爱、感激、希望、信心、同情、乐观、忠诚等，是保持员工士气高涨、积极上进等行为的内在动力。

就目前企业实践而言，负面情绪的管理是企业管理中尤为关注的，因为负面情绪的长期存在必将导致员工工作效率的降低、工作失误的增加、沟通不畅、同事间关系不良乃至影响企业的运营效率和整体业绩。一个优秀的团队领导者就是善于驾驭消息的人，尤其是在企业经历快速转型时，领导者只有掌握一定的团队情绪管理技巧，想办法把员工消极的情绪状态调整为积极的情绪状态，才能适应组织的变化，进而在组织变化中抓住机遇，带领团队与企业一起成长。

一、提高情绪识别的能力

正确识别自身和他人情绪是提高情绪智力的基础。领导者可以通过以下三方面来提高情绪识别的能力。第一，关注自身情绪。领导者首先必须对自己的情绪给予关注，从而对自己的情绪有准确的认知。第二，学会准确表达自身情绪。准确地表达自身信息并能使他人准确接收是进行有效沟通和交流的基础。领导者首先必须学会运用语言或非语言的信息准确地表达自己的情绪。第三，善于识别他人情绪。领导者要善于从一些细微的线索认知他人的情绪，这些线索包括：他人的面部表情、言语的语调和节奏、手势和其他身体语言等。

二、保持及时有效的沟通

团队成员的情绪变化是多样的，尤其是在企业转型变化里，员工之所以容易产生受害者、坏人和无助者这三种消极的心态，与无法及时获得组织变化的信息，以及没有表达自己所关心问题的机会有关。因此，作为领导者需要及时地了解并向员工传达组织变化的最新信息，在传达信息的过程中要坦诚，而不是遮遮掩掩，越是遮掩，员工就越容易产生误解。另外，领导者还需要了解员工所关心的问题，给他们表达的机会，以保证信息从下到上传递畅通。

三、推动团队关注目标

员工产生受害者、坏人和无助者的心态时，其实是把关注点放在了"过去"，但是"过去"已经过去，过多关注于此会让大家陷入消极情绪。作为领导者，应该带领团队积极关注目标，即接受目前的现状，一起讨论如何通过我们现在的努力去实现团队的新目标。这能帮助团队把精力和关注点转向积极方面，产生积极的情绪状态。

四、引导员工进行"自我反思"和"换位思考"

"自我反思"和"换位思考"是非常强大的调整情绪和心态的工

具。"自我反思"不是强迫团队思考自身出了什么问题，而是引导团队思考现在的消极情绪对团队自身造成了哪些负面影响；"换位思考"是指结合当前的内外环境变化，引导团队站在领导者的角度思考，帮助团队更好地理解和接受公司的各种调整，让团队成员的情绪和心态更平和，乐观地面对压力和挑战。

总之，情绪是人们对自身所处环境间接或直接反映的一种心理投射，一定程度上影响到人们的工作态度以及精神倾向。因此，在企业管理尤其是团队管理中，领导者应该通过情绪管理，营造积极乐观的环境氛围，改善团队成员的消极心态，促使团队健康向上，积极进取。

 杨安谈总裁管理

对于调控团队情绪，领导者需要团队建立正确的规范，也就是说，提倡乐观的态度、正面积极的形象和及时的信息解读，摒弃悲观和负面情绪。但这些并不是与生俱来的，领导者应该主动承担起改变团队氛围的责任。如果领导者能让团队面对任何挑战都表现出热火朝天的干劲，无疑会赢得每个人的尊重。

领导者自我情绪管理与团队绩效

冲突水平维持在怎样的程度，依赖于领导者的直觉能力和领导艺术，这需要在实践当中去体验和提高。

一天，美国前陆军部长斯坦顿来到林肯那里，气呼呼地说一位少将用侮辱的话指责他偏袒一些人。林肯建议斯坦顿写一封内容尖刻的信回敬那家伙。"可以狠狠地骂他一顿。"林肯说。斯坦顿立刻写了一封措辞强硬的信，然后拿给总统看。

"对了，对了。"林肯高声叫好，"要的就是这个！好好训他一顿，真写绝了，斯坦顿。"

但是，当斯坦顿把信叠好装进信封里时，林肯却叫住他，问道："你干什么？"

"寄出去呀。"斯坦顿有些摸不着头脑了。

"不要胡闹。"林肯大声说，"这封信不能发，快把它扔到炉子里去。凡是生气时写的信，我都是这么处理的。这封信写的时候你已经解了气，现在感觉好多了吧，那么就请你把它烧掉，再写第二封信吧。"

林肯是在教下属控制自己的情绪。组织行为学上称其为"自我监控能力"。林肯控制情绪的方式不失为培养自我监控能力的一条有效途径。对领导者来说，学会自我控制是实施情绪管理的前提。

从个体层面上讲，个体情绪智力水平越高，尤其是处理他人及环境情绪的能力越高，那么他的工作绩效水平越高。研究表明，个体的情绪智力在工作绩效完成过程中起着重要的作用，很多研究显示了情绪智力与其任务绩效之间存在正相关关系。而作为团队的领导者，他的情绪智力对整个团队的绩效有着更重大的影响。

领导者在团队情绪智力整合过程中之所以能发挥着如此重要的作用，这是由于：第一，领导者情绪智力的高低，决定他能否驾驭自己、适应环境。高情绪智力的领导者，了解自己的能力，能随着变化不断调整自己，以适应新形势的变化。第二，领导者情绪智力的高低，影响着下属的工作状态。领导者位于领导活动的核心，其言谈举止必然对下属的情绪和心态产生直接的影响，从而也就影响了下属工作积极性和工作绩效。第三，领导者情绪智力的高低，影响着团队的凝聚力。企业内部复杂的人际关系仅仅靠权威的等级制度约束是不够的，还需要领导者拥有高超的人际关系处理能力。

正是因为领导者的情绪会影响团队业绩，优秀的领导者应当是一个"情绪管理高手"，通过对情绪的自我修炼，最终保证团队业绩的实现。

一、心态修炼

了解自己在工作中的情绪是为了控制自己的情绪，保持良好的工作心态。情绪智力高的表现就是保持积极的工作心态。领导者对工作要有强烈的自信心，相信自己的能力和价值，肯定自己。只有抱着积极的心态工作的人，才会充分挖掘自己的潜能，为自己赢得更多的发展机遇。

二、思维修炼

控制情绪说起来容易，往往做起来很难，当遇到一些尖锐、激烈的问题时，根本就忘了控制自己。要驾驭自己的情绪，还必须要从改变思维方式入手，继而改变对事物的情绪，以积极的思维方式看待问题，使消极的情绪自动转化为积极的情绪，从而实现自我控制。只有彻底控制消极情绪，才能给团队带来活力，创造更高的绩效。

三、习惯修炼

要想成功，就必须有成功者的习惯。改变不良习惯的关键，是突破自己的舒适区。一个人形成的习惯就是他的舒适区，要改变不好的习惯就要突破自己的舒适区，要有意识为自己找点别扭，要敢于为自己主动施加点压力，努力突破自己以往的心理舒适区，培养出积极的职业化习惯。

综上所述，通过心态、思维方式、行为的修炼，可以培养出良好的自我情绪管理能力，大大提升领导力；而一个团队如果有了激昂的团队情绪，工作效率也必然随之提高。

 杨安谈总裁管理

要想改变自己的情绪，只需改变自己对事物的看法和态度。如何更好地实现企业管理绩效目标达成，领导者应该放下硬性管理，学会以情绪管理为主的软性管理。

控制愤怒情绪，远离冲动行为

有一句名言："冲动是魔鬼，发怒是祸水。"这是人们的经验之谈。愤怒是一种颇具进攻性的情绪行为，这种激烈情绪行为对领导者的威信、形象、工作成效等方面的影响十分明显。它既有积极、有益和合理的一面，同时又有消极、有害和非理性的一面。因此，领导者在其领导行为过程中必须要善于控制和驾驭愤怒情绪，远离冲动行为，而不要被愤怒情绪所控制和驾驭。

一、认识愤怒情绪

愤怒情绪大家都有切身感受，但它的强烈程度和带给人的伤痛却因人而异。其共同表现为：血液涌向四肢躯干、脑部，心率加快、肾上腺激素分泌增加，产生强大的身心能量，表现为激烈的行动。愤怒、生气、不满、仇视等情绪都属于冲动类情绪。这种性格类型的人，常常难于控制。

易怒是情商高的反面。易怒是领导者一种卑贱的素质，受它摆布的往往是生活中的弱者。愤怒情绪的危害最主要的是，对内，伤害自己的心肝肺；对外，伤害人际关系。

让怒火左右情感的领导者会为此付出代价。情绪冲动就不会思考，不会谋定而后动。因为人在激怒时，智谋就离开了。有些狡猾的对手，往往故意用激怒的方法，使你大发脾气，让你在愤怒的状态下做出种种不合理的决策，结果使你自食其果，自讨苦吃。一个人让愤怒之火来燃烧自己，偶尔一次，不过一次的损失；若一贯如此，灾难就会临头。

二、认知重构

认知重构，需要改变思维方式。认知重构是情商中必不可少的基因，是对抗愤怒情绪这种心理病毒、维持身心健康的免疫系统。认知重构是一个高情商领导者的成熟标志，它能让领导者的头脑经常保持冷静，产生内在的控制力。只有认知重构才能与人为善，善待他人，这是领导者在寻求成功的过程中应该遵守的一条基本准则。

愤怒的人倾向于诅咒或用带有浓重情绪色彩的词汇来表达他们内心的无名之火。事实上，当你生气的时候，你的思维可能变得过于夸张。何不尝试用一些更为理智的想法来代替这些夸张的想法呢？比如，不要对自己说："这太糟糕了，所有的事情都完蛋了。"而是告诉你自己："这件事的确让人沮丧，但这并不代表世界末日，所以，生气也无济于事。"

应该特别注意的是，当你谈及你自己或别人的时候，千万别使用诸如"从来不""总是"或者"老是"之类的词语。因为这些词语不但不准确，反而会使你觉得你完全有理由愤怒，而且除了愤怒，似乎别无他路。这些绝对的词语还可能赶走那些本来愿意同你一起想办法去解决问题的人。

如果你的一个朋友经常迟到，千万别说"你老是迟到""你太不负责任，太不为别人考虑了"。因为，这样的话一旦说出来，其结果往往是伤害了你的朋友，并很有可能会激怒他；使他变得同你一样的愤怒。你应该做的是想想该如何才能使他不再迟到，努力寻找出解决问题的办法来。

要时刻提醒自己，生气不能解决任何问题，它不能使你感觉更好。告诉你自己，整个世界并不是存心针对你，日常生活中谁都难免遇到一些磕磕碰碰。每当愤怒控制你时，你就这么告诫自己，这会使你对未来心存希望。

三、正视问题

有时候，我们的愤怒和绝望是由于我们生活中所无法避免的问题造成的。此时，愤怒是一种健康、自然的反应。虽然文化观念告诉我们任何问题都有解决方法，但事实上，这不适用于每一件事情，在这种情况下，我们往往变得更加沮丧。对待它的最好态度是，不要把全部注意力都放在找寻解决方法上，而是要把一部分注意力放在如何正视问题上。也就是说，面对困境，我们首先要做的是正视问题，而不能选择逃避。

四、交际之桥

在交际过程中，愤怒的人常常仓促地得出论断，而这些结论往往都是荒唐的。如果你和某人争得面红耳赤，不妨放慢速度，想想你的反应。不要匆忙地说出第一句跳入你脑海的话来，而是要仔细地思考一下你想说的每一句话，与此同时，认真倾听对方所说的每一句话，在回答之前千万不要着急。当你遭到批评时，会采取措施防御对方以保护自己，但千万别立即还击，而要耐心地询问，慢慢地深呼吸，千万别让你的愤怒失去控制。记住，保持镇定方能防止事态变得更加严重。

五、改变环境

有时候是周围的环境使我们变得莫名的愤怒。因为你在社会中要扮演各种角色，许多问题与责件都会给你带来很大的压力。这时，你不妨暂时从中抽身出来，给自己更多的个人空间。例如，一个职业母亲经常按照固定的规则来安排她的家庭生活，长年累月下来，她发现自己常常感到非常烦躁，并且经常无缘无故地责备她的孩子。当她打破这种常规时，她反而觉得更能处理好孩子们的问题，而不是成天朝着他们发脾气了。

总之，企业领导者若能在愤怒面前保持冷静和理智，有效控制愤怒情绪，就是特别有智慧的表现。这样的领导者不仅活得快乐，身心也健康，事业上也会变得越来越好。

 杨安谈总裁管理

冲动之下，成事者少，坏事者多。领导工作责任重、困难多，遭遇外界强烈的刺激是必然的，需要领导具有较高的情商，控制情绪，控制住冲动，保持冷静和理智。

控制恐惧情绪，保持理性头脑

恐惧，是一种人类及部分生物的心理活动状态，是情绪的一种。因为周围有不可预料、不可确定的因素而导致的无所适从的心理或生理的一种强烈反应。

大多数人的恐惧伴有生理上的现象，如颤抖、眩晕、脸红、紧张、心悸、恶心、小便失禁、呼吸急促。当我们认为有某种危险时，我们的躯体就会迅速和自动地处于警觉状态。于是，心跳和呼吸加快，肌肉紧张，两手出汗，脸色通红或者苍白，血压升高，我们会感到很难受。可以说，我们动员了所有的力量进行"抗争"或"躲避"。性命攸关，我们在精神上和体力上都做好了准备。

心理学家研究发现：当人们觉得凭借自己的能力无法完成一件事或将会搞砸一件事的时候，恐惧感就会由此产生。但是，假如你去尝试，你常常会意识到，很多时候这种恐惧感其实是毫无依据的。特别是当你将自己的能力推到极限时，让你感到恐惧的事就会开始减少。你也会领悟到，所有的恐惧是大脑的本能产生，那些未知并没有你潜意识中认为的那样危险。

恐惧意味着无能和懦弱，如果能使因害怕引发的恐惧情绪趋于平静并保持身心平衡，就越有机会保持客观、长期的洞察力，使心情愉悦舒畅。作为一个领导者，应该在其领导过程中善于控制恐惧情绪，保持理性判断，不被这种负面情绪所左右。

一、理性地探索内心想法

发生的事情可能令人不快，但并不是那么可怕，或者说并不是一场灾难，因此用不着仅仅因为有些事情不尽如人意，就长时间地感到不安。如果危险真的发生了，担心和恐惧反而使人紧张、虚弱，没有力量面对危险。

不妨自问这样一些问题：我想会发生糟糕的事，这与事实相符吗？我想会发生糟糕的事，是很可能的吗？如果这些想象中的事情真的发生了，我总还是能处理好的。只要我活着，就能决定怎样处理这件事情。

二、尝试冒险，战胜恐惧

如果你察觉到感到恐惧的内在原因并且决定加以改变，那么你必须去冒险，必须做那些使你感到恐惧的事情，并且要准备好面对这种"危险"。比如索赔钱财、打消某个人的念头、拒绝邀请等，通过这样的冒险可能会有机会得到一点儿什么。

如果不去冒险，我们几乎一无所获，也不利于战胜恐惧。我们的生活是由多种风险组成的，如果害怕被人拒绝，那么我们压根儿就找不到伙伴或者根本不能倾诉我们的衷肠。生活中几乎所有的事情我们都必须去冒险。勇于探索乃至冒险，是战胜恐惧的有效方法之一。

三、松弛练习

当我们认为某件事物有危险时，我们的呼吸就会自动加快，其结果是我们的血液里氧气增多，我们变得烦躁不安。当我们有意识地做松弛练习时，我们能够减少恐惧。深呼吸可减少应激激素的产生，降低心律和血压，增加脑供氧量，缓解激进的思想并迅速将我们带入无忧无虑的状态。总之，调整呼吸，放松身体，你可以找到和学习很多方法。

此外，想象自己身临其境于使你感到放松、惬意的一些场合，生动地设想每一个细节。如果在想象练习中产生了恐惧，重复采取松弛技巧即可。

四、改变境遇

你也许无法改变外部环境，但可以限制外部环境对你的侵害。比如，欣赏一些治愈的、励志的艺术作品，或者培养一两个有益的爱好。分散、过滤掉那些不利的外部影响，改变自身境遇。

五、看清远景

记住，恐惧的产生是出于自保的本能。通过客观判断形势，我们决定是否需要对感受到的恐惧作出反应。对恐惧的反应越小，它对我们的生理影响也就越少，我们保持冷静、头脑清晰，专注于当前以及长远的、可持续洞察力的能力就会越强。看待事物要长远，花更多的时间专注于此，而不是担心世界末日某日会到来。

六、应用奖励和处罚

如果你达到了你的目标，就慷慨大方地度一次假。如果你没有达成目标，那么就禁止看电视、读报，屏蔽一切娱乐活动一段时间，作为处罚警示自己，长此以往，心理素质越发坚强，就不会产生工作压力导致的恐惧。

总之，企业领导者要积极防范和抗衡恐惧这种负面情绪，当恐惧感产生时，要努力揭掉了附加在恐惧这种情感上的标签，超越这种负面情绪。当然，为了更有效地发挥领导作用，还需要改变某些行为方式。

 **杨安谈总裁管理**

我们都面临众多的不确定因素。不论这些不确定因素是否影响你的个人财产、长期的战略或客户来源，是做出恐惧的反应还是以坚忍不拔来应对，则完全由你决定。

控制焦虑情绪，积极开展工作

在现代企业管理过程中，由于激烈竞争带来的压力，领导者容易产生各种负面情绪，其中焦虑情绪表现尤为突出。一些领导者常常感到烦躁不安、郁闷紧张、头痛失眠、多梦易醒、自尊心受损，失衡感和内疚感相互交织，甚至处于惊恐状态。领导者在长期过度焦虑情绪的影响下，身心极度疲倦，工作能力下降。因此，了解焦虑情绪的原因、后果，对于减缓过度焦虑是有帮助的。

企业领导者的过度焦虑常常来自以下几个方面：

一是心理压力。在当今竞争激烈的市场经济形势下，企业领导者会因为不能打开工作局面，工作进展不大，看不到奔头，需求得不到满足，担心在激烈的竞争中失败等各方面受到影响而产生焦虑。

二是自身能力。目前我国社会飞速发展，新知识、新技术、新思想层出不穷，而一些企业领导忙于事务，忽略了学习提高。面对新形势、新任务，他们感到存在明显的能力危机，在重大原则问题面前缺乏警觉，在复杂问题面前束手无策，在各种机会面前错失良机，在改革发展面前无所作为。由于现代化知识和管理能力欠缺，他们的发展计划思路不清，工作方法古板，改革力度不大，工作效率不高，因而经常诚惶诚恐、如履薄冰。这样的压力如影随形，又不知如何调整，导致身心疲惫，引发焦虑情绪。

三是社会舆论。企业领导者属于公众人物，承载着许多道义上的责任，在权力光环背后，往往隐藏着不为人知的寂寞、孤独和无奈，在心理上、精神上都承受着有形和无形的角色困惑。这也是引发其焦虑情绪的一个重要原因。

四是人际关系。在企业的生存和发展过程中，迎来送往、接待陪同、左右逢源、四处结缘，已成为当代企业领导者典型的生活状态，这无形中给他们造成很大的心理压力。同时，由于目前社会正处在转型期，很多事物还不够成熟，很多制度还不够健全，有时严格执行制度、按规则办事往往行不通，但如果突破制度违规操作，则会带来巨大的履职风险。在两难选择面前，领导干部不得不承受巨大的精神压力，如不及时化解，也会导致精神焦虑。

五是职业特点。企业领导者既是企业规章制度的制定者，又应该是规章制度的践行者，严肃的纪律性不允许他们有丝毫失误和差错。同时，身为领导干部，经常面临钱、权、色的诱惑，要做到清正廉洁，就必须经常保持高度警惕，稍有不慎，就会带来永远的悔恨。这种状态如不能得到及时有效的调整，便会引发严重的精神焦虑。

适度的焦虑可以提高人的警觉，对工作也可以起到一定的推动作用，这也是领导干部在成长和发展过程中经常感受到的。但焦虑过度或长时间得不到缓解，会使人紧张不安，常伴有身体不适感、发愁、苦恼、烦躁以及出现出汗、口干、心悸、尿急、尿频、全身无力等症状，严重者还会出现肌肉紧张、颤抖等植物神经功能失调的现象。过度焦虑还会导致人变得过于敏感、胆怯、畏缩、自卑、优柔寡断等，出现严重的工作、生活、人际关系紊乱。

在清楚地了解产生焦虑情绪产生的原因和后果后，要进行科学的心理调整，以提高自我调适能力和心理健康水平，更好地开展工作。

一、换个角度思考问题

要仔细分析焦虑情绪产生的真正原因，把一些原本很在意的事情淡化，从而减轻焦虑情绪。但这并非意味着什么都不去追求，而是既要把目光放得高远一些，也要注意避免追求绝对完美，该放弃的就要学会放弃。对引发焦虑的事情重新评价，换个角度再看，对于化解焦虑情绪具有重要作用。

二、学会与压力共处

要认识到适度的压力是生命所必需的，而且人在一生中，是无法摆脱压力的。如果感到心理压力过大，就要通过适当的渠道把心中的郁闷宣泄出来，不要闷在心里。比如，可将苦恼讲给信任的人听，甚至可以让自己痛快地大哭一场，这可以使痛苦、紧张的情绪得以发泄，而不至于闷出病来。千万不要为了所谓的尊严、体面而过分压抑自我。同时，要学会运用弹性思维，抱着"车到山前必有路"的乐观心态，为自己创造一个有序、宽松、和谐的生存环境。

三、运用身心放松技巧

一是生理放松技巧。生理放松的方法在很多书中都有详细的介绍，方法也各种各样，如肌肉放松法、自主训练法、意守丹田法等。对于一些复杂的全身放松技巧，在心理咨询师的指导下运用效果会更好，但也有一些比较简单易行的技巧可以自行练习，如深呼吸法：坐在办公椅上，两眼微闭，双脚着地，双手自然放在膝盖上，脚与肩同宽，然后进行腹式呼吸3~4次。吸气时用鼻慢慢地吸，先扩张腹部，再扩张胸部，吸足气后屏一屏气，然后同时用鼻子和嘴将气慢慢吐出去。这一过程就是一次深呼吸。有意识地做一些深而慢的呼吸训练可以达到缓解焦虑情绪的效果。

另外，太极拳讲究和谐与平衡，以柔克刚，行云流水，如勤加练习，也能达到放松身心、缓释焦虑情绪的目的。还有书法、绘画等，只要持之以恒，也能放松焦虑情绪。有节律、柔和的运动方式可以促使人心中长期紧绷的弦放松下来，使身心得到充分的休息，保持宁静舒适的睡眠，有效帮助身体适应长期的压力环境。

二是心理放松技巧。心理放松是在头脑中想象一些广阔、宁静、舒缓的画面或场景，可配用一些放松音乐。这些画面可以是大海、滑雪、在天空中飞翔、躺在小舟里在平静的湖面上漂荡、对童年时美好的回忆等。总之，一切能让心灵平静、愉悦、美丽的场景都可以让你放松身心。现代心理医学研究表明，一个人心情舒畅，精神愉快，中枢神经系统处于最佳状态，则其内脏及内分泌活动在中枢神经系统调节下处于平衡状态，能够使整个机体协调，充满活力，身体自然健康，情绪也会相对稳定。

三是注重有氧运动。世界卫生组织对于健康的定义是：健康不仅是没有疾病，而且是一种在身体上、精神上和社会适应能力上的完好状态。在不影响工作的前提下，选择一种适合自己的锻炼方式，定期进行体育锻炼，显得尤为重要。良好的身体素质不仅是战胜心理压力的基础，也是增强工作能力的保障。体育锻炼可以增强身体素质，放松身心，缓解紧张情绪。运动能使人体内有益的神经递质分泌增多，这些神经递质能缓解过度焦虑的情绪，因此，注重有氧运动、加强体育锻炼是使身心放松的重要途径。

总之，企业领导者肩负着企业发展稳定的重任，其心理素质如何，直接影响到领导能力和水平的发挥。因此，在繁忙的工作中，领导干部要注意正确认知自己的焦虑情绪，并做出及时有效的调整，不断提高自身的心理健康水平，更好地适应领导工作的需要。

 杨安谈总裁管理

把你的焦虑情绪传递给员工，只能推动他们去完成你想让他们完成的任务，却不能使他们发挥出自身的最佳水平。

总裁管理智慧七

崇高生命，在于担当

在任何一个企业中，领导者的责任感是极其重要的。当企业面临困境时，只有领导者愿意走上前来，勇于献身，敢于担责，问题才能得以圆满解决。

一个合格的企业领导者，他的生命是崇高的，他的成就是巨大的，即使是在自己犯了错误的时候，他也勇于承认并改正错误，体现出最重要的责任感。这样的领导者是有大智慧的，也是这个社会不可或缺的进步力量。

生命的崇高和责任总是联系在一起

19 世纪俄国革命家、哲学家、作家和批评家车尔尼·雪夫斯基说过一句名言："生命和崇高的责任联系在一起。"崇高的责任是指为了人类的事业而进行艰辛的努力，在车尔尼·雪夫斯基看来，这样的责任是与生命的价值相关联的。

生命，对我们每个人来说只有一次，但对生命的感悟却因人而异。对于企业家来说，生命是一种责任，也就是用自己的生命承担了社会责任。商人是唯利是图的，企业家跟商人的最大区别在于企业家担负着社会发展的责任，在其创造财富的同时，给社会带来更多的利益，实现多方共赢。在一个国家、一个民族发展的历史长河里，在企业的生产和发展过程中，企业家会通过自己艰辛的付出和卓绝的努力为社会留下一些有意义的有价值的东西。正是由于企业家担当这样的责任，才使得企业家的生命更有意义。

企业家是企业中最重大责任的承担者。所谓最重大责任，就是企业的愿景和使命。这里的"企业家"一词，它的外在符号可能是董事长、CEO、总裁、总经理、老板、企业主等称呼。在这些称呼和权力符号的背后，其本质意味着他们是企业愿景和使命的责任承担者。因此，企业家应该担当制定企业战略规划的使命，并在执行过程中敢于承担风险和责任，不怕挫折，有智慧、有魄力，同时通过不断地学习来提升自己的领导力，让企业获得永续发展，让自己的生命更精彩。

一、制定企业战略的使命

企业家最重大的使命是确认企业未来的方向与战略，使企业不用像无头的苍蝇一样乱飞乱撞，也不会随波逐流走哪算哪。在企业里，只有企业家才是企业未来的规划者与决策者，而决策责任是无人可以替代的企业家的责任。

确认企业组织未来的方向与目标，并不仅仅是企业组织的个体行为，而是需要将企业组织置于特定的时间和空间的社会环境下来思考。企业家的行为也不仅仅是其个人的行为，而是代表了企业组织的行为。企业战略跟时代的崇高责任联系在一起才最有意义。

二、带领企业实现永续发展的责任

带领企业实现永续发展，是一个企业家义不容辞的责任和义务。事实上，企业家在企业管理过程中扮演着"成也萧何、败也萧何"的重要角色：他既会在企业资源缺失时，以个人极为出色的能力和才华，突破资源不足的瓶颈极限，创造出超越资源极限的惊天伟业；也会在企业快速的成长和发展中，因个人素质能力的制约和限制，与企业的发展和现状不能保持同步，而成为企业发展最大的阻力和"绊脚石"。

如果董事长、CEO 和总裁们在取得一定的成功后，逐渐地沉迷于权力的美好与个人私欲的扩张，而不是时时意识到责任的重大与风险，就容易出现责任的重大过失，企业就将悄悄地滑向失败的边缘。显然，仅仅具有责任的态度和强烈的责任心，未必就能承担起责任来，这就需要具备担当责任的能力。

在现实生活中，有的企业由于领导人个人缺少基本的责任态度，或是责任使命感的全面消失，而出现了产品质量问题，给企业造成了重大伤害和损失。

"冠生园"是中国的名牌老字号，它一向以质量上乘、诚信经营而享誉业界，但却在新闻媒体曝光的一次"陈馅事件"中破产。把过期的食品用料"陈馅"翻炒后，再制成月饼出售，这个行为在南京冠生园看来，是能够及时纠正的问题，但没有想到企业会因这样的"小事"而破产。冠生园公司的总经理显然没有意识到，缺失了最基本的责任原则，问题和结果会是多么的严重。在"陈馅事件"被媒体曝光后，企业的第一个反应，就是"媒体害了企业"，即使在企业破产后，企业依旧对媒体耿耿于怀："好端端一个企业，要不是媒体曝光，怎么会倒？"

由此可见，当企业缺失了对于社会公众和消费者的基本责任，那么，社会公众和消费者也会毫不留情地抛弃了企业，企业最终因为信誉丧失殆尽而破产倒闭。

三、具备担当责任的能力

勇于承担责任是一回事，是否有能力承担起责任，则又是另外一回事。这是因为，企业在成长过程中，会遭遇到激烈的社会变革和企业自身不断地发展与变化，譬如销售区域的扩展，企业产业的变迁，市场竞争格局的变化等。如果企业寻找不到新的利润增长点，比如由原来的区域性产品开拓全国市场，或者是国内销售转向国际销售等，企业就会在成长变化中失败，这是在考验企业家个人责任能力的关键。

在这种情况下，企业家正确的选择就是通过不断的学习和自我否定，适应企业发展的需要。这是一场马拉松式的赛跑，企业家个人素质与能力的成长速度，必须快于或等于企业组织的发展与成长速度。

企业家的学习能力就像蛇的蜕皮，蛇每一次的成长，都要蜕一次皮，而蜕皮的过程，都是蛇最痛苦、也是最危险的时候。对于企业主来说，蜕皮就是一次挣脱领导力"临界点"的过程，若你不懂蜕皮的道理，或是不知如何蜕皮，结果就是你无法成长或是死亡——或主动或被动地让位。

企业的发展和膨胀，要求企业主必须学会自我超越，而学习中最重要的就是自我的批判和否定精神。由于企业家在自我批判前所积累的经验与成就，往往是非常成功的经验与成就，否定自己曾经"成功的经验"是一件很困难的事情。但企业家如果想要以足够的责任能力，来游刃有余地实现企业持续的发展与成长，就必须自我否定。如果企业家不懂这些，其结果就是失败，成为供后来者借鉴和批判的一具木乃伊。

总之，生命与责任是密不可分的，生命的价值在于承担责任。企业家在做企业过程中，用所承担的责任，一点一点地去充实个体渺小的生命，延展它的长度，让它流芳溢彩。

 杨安谈总裁管理

肩负社会责任感是企业家的崇高使命。一个勇于肩负社会责任感的企业家，才是受人们尊敬的企业家，企业也才能获得持续的发展。

担当多少责任，决定取得多大成功

英国前首相丘吉尔曾经说："伟大的代价就是责任。"可以说，一个人担当的责任越大，取得的成功也就越大。

一个人担负的责任越大，其付出就会越多。这也是许多人不愿意担负重大责任的主要原因。他们不愿意将工作时间全部投入到工作当中，更不想下班之后还要考虑工作，因为那样会影响自己的休闲生活。也有一些人因为对自己的能力不自信，担心担负不了重任而陷入麻烦当中。事实上，所有人身上都有未发挥出来的巨大潜能。只要你决定担负责任，并努力去做好自己的工作，一些你害怕不能完成的任务，常常能圆满完成。

在艾科卡担任福特汽车公司总裁期间，因为功高盖主，被董事长小福特当作威胁家族事业的眼中钉。因此，小福特解除了艾科卡总裁的职务，还故意使他难堪，让他只当一名普通的员工，在一间脏乱不堪的库房内工作。

这时，艾科卡跌入了人生的最低谷。"我不知道自己将要干什么，可我知道我明天绝对不会再到这里上班！"这就是艾科卡当时的内心独白。这时恰好克莱斯勒汽车公司背负着巨大的债务，濒临倒闭。于是，艾科卡索性接受了这家公司的总裁职务。他是一个具有强烈责任感的经理人，既然来了，他就下定决心担负起自己的责任，背水一战。

随后，艾科卡进行了一些初步调查，采取了一系列措施。首先，他先后革职了33位总监级别的人物，只保留了经营与财务两位副总裁；坚决开除无所事事的员工，同时提升被埋没的人才，招聘有进取心、有经验又勤快的新员工进厂。其次，高薪聘请在汽车行业里有策略、有头脑的退休"老将"担任顾问，认真听取他们的建议。再次，改变企业形象、作风、习惯。实现"全员管理，人人有责"，为降低成本、提高质量共同努力，改变懒散风气。然后，用竞争对手汽车的价格、质量、设计来挑战员工，激发员工斗志。最后，艾科卡投入1.5亿美元大做广告，让用户震撼也令对手愤怒。艾科卡说："我不入地狱，谁入地狱？"他还带动全体员工自动减薪，同舟共济。

两年后，克莱斯勒公司终于实现赢利。艾科卡立即召开新闻发布会，目的在于为公司赢得声誉、赢得信心。到了第5年，该公司股价急剧上涨，2600万增发股票被迅速抢购一空，总共融资4.3亿美元，这在美国汽车行业中是史无前例的。接着他又召开第二次新闻发布会，宣布克莱斯勒公司开始再次腾飞。艾科卡成功了！

很明显，要是艾科卡在知道克莱斯勒公司所面临的困难后不愿意担负拯救克莱斯勒的重大责任，而是寻找借口退出这家公司，他就不会取得这么大的成就，更不会得到美国人的尊重。正是敢于担当重任，才成就了艾科卡传奇一般的人生。

美国社会学家戴维斯说："放弃了自己对社会的责任，就意味着放弃了自身在这个社会中更好的生存机会。"责任是一种与生俱来的伴随着每一个生命的使命，是每个人的行为准则，是成就人生的基石。如果你不负责，你获得的成果也许就不会是你希望得到的。

一、不要逃避责任

虽然趋利避害是人之本能，但人还可以迎难而上，大公无私。所以当你敢于面对困难、越无私的时候，你最终得到的肯定会更多。面对问题，只要有坚决解决问题的态度，就可以培养起强大的责任心，这是提升能力的不二途径。

有的企业领导者会出现此类问题：自己没有完成某项原定的工作计划，但会认为这是由于其他原因而导致失误。其实这是推卸责任，这样的领导者很难正视自己的过失。一件事情可能由很多人在一起完成，但是敢于并能够承担责任的领导者却是其中的灵魂。因此，负责意味着敢于正视自己，也是一种敢于担当责任的勇气。

二、心中要有爱

另外，一个人不仅要爱自己、爱家人、爱同学、爱同事以及其他认识的人，还要去爱天爱地爱万物。这是一种境界，更是一种责任的最大体现。一位卓越的企业家更应该具备爱心。

所有爱心的奉献都是值得赞赏的。而企业家奉献爱心，就他们自己来说，只要不是超出能力的行为，也是有回报的。具有爱心的企业，在社会上更容易树立良好的形象，这是一笔可贵的无形资产。企业家奉献爱心，是一种双赢之举，同时也标志着更大的一种成功。

总之，真正意义的成功应当是一种责任的成功，责任孕育成功。一个对企业负责、对工作负责、对社会负责的企业领导者，一个积极关爱奉献的企业领导者，一定会成为一个成功的人，而他所取得的成功才是真正的成功。

 杨安谈总裁管理

责任是一种工作态度，人可以不伟大，但不能没有责任心。一个对工作负责任的人，才是对自己真正负责的人，才有可能被赋予更多的使命。一个缺乏责任感的人，组织不会聘用你，团队不会让你加盟，搭档不愿意与你共事，朋友不愿意与你往来，亲人不愿意给你信任，你最终将被这个社会抛弃。

勇于负责，会产生改变一切的力量

有一位伟人曾说："人生所有的履历都必须排在勇于负责的精神之

后。"如果说智慧和勤奋像金子一样珍贵的话，那么，还有一种东西则更为珍贵，那就是勇于负责的精神。古往今来，人们都喜欢具有勇于负责的精神的人。

曹操是三国时期著名的政治家、军事家。有一次，曹操率领士兵们去打仗，当时正好是小麦快成熟的季节。曹操在骑马行进途中，突然从路旁的草丛里窜出几只野鸡，从曹操的马头上飞过。曹操的马没有防备，被这突如其来的情况吓惊了。它嘶叫着狂奔起来，跑进了附近的麦子地。等到曹操使劲勒住了惊马，地里的麦子已经被踩倒了一大片。看到眼前的情景，曹操把执法官叫了来，十分认真地对他说："今天，我的马踩坏了麦田，违反了军纪，请你按照军法给我治罪吧！"听了曹操的话，执法官认为曹操身为丞相，按照"刑不上大夫"的古制，曹操不必领罪。但曹操坚持按照"毁坏青苗者当斩"的法令执行。这时，众将官也纷纷上前哀求，请曹操不要处罚自己。曹操见大家求情，沉思了一会说："我是主帅，治死罪是不适宜。不过，不治死罪，也要治罪，那就用我的头发来代替我的首级吧！"说完他拔出了宝剑，割下了自己的一把头发。我国古人认为身体发肤受之父母，割发是一种极大的侮辱，叫髡刑。众人见丞相如此言出必践，勇于负责，个个佩服得五体投地。

古人勇于担责，今人也不乏这样的例子。

安心是一家大公司办公室的打字员。有一天中午，同事们都出去吃饭了，唯有她一个人还留在办公室里收拾东西。这时，一个董事经过他们部门时，停了下来，想找一些信件。这并不是安心分内的工作，但她依然回答："尽管这些信件我一无所知，但是，我会尽快都您找到它们，并将它们放在您的办公室里。"当她将董事所需要的东西放在他的办公桌上时，这位董事显得格外高兴。4个星期后，在一次公司的管理层会议上，有一个高级职位的空缺。总裁征求这位董事的意见，此时，他灵光乍现，想起了那位勇于负责的女孩——安心。于是，他推荐了她，安心的职位一下子升了两级。

在今天这个时代，虽然到处都呈现出一片日新月异的景象，也为人们提供了发展自己人生和事业的机遇，但许多人的身上却滋生出了一种自由散漫、不受约束、不负责任的毛病。勇于负责是一种积极进取的精神，只有责任感才能够让个人的价值得到实现，企业领导者尤其应该明白这一点。当一个领导者想要实现自己内心的梦想，下定决心改变自己的生活境况和人生境遇时，首先要改变的是自己的思想和认识，要学会从责任的角度入手，对自己所从事的事业保持一个清醒的认识，努力培养自己勇于负责的精神，因为这才是成功的最佳方法。

一、责任是最大的竞争力

2008年11月15日，温家宝总理在广东对某企业进行考察时说，应对经济危机要靠研发、靠创新、靠产品的竞争力。对于企业来说，最重要的客户就是员工，最核心的竞争力便是员工的责任心。

当你身为企业领导时，你绝不可以轻视自己的工作，要勇敢的担负起工作的责任来。要记住，能力永远由责任来承载，而责任本身也是一种能力。那些在工作中推三阻四，总是抱怨客观因素，寻找各种借口为自己开脱的领导人，往往使企业在发展中成为被动者，而他们自己穷其一生也很难做出像样的业绩。

二、没有做不好，只有不负责

责任，是人类生存的一种法则。无论对于人类还是对于动物界，只要依据这个法则，就能够存活。那么，责任是否也能确保一家企业在竞争中求得生存呢？答案一样也是肯定的。

在企业中，没有做不好的工作，只有不负责任的人。作为一个领导者，你承担的责任越多越大，也就证明你的价值越大。你应当这样告诉你的员工，你为他们能够承担责任而感到骄傲，你也愿意为他们承担责任。无论是现在还是将来，你都会一如既往地做下去。事实上，能够担当责任的领导者，员工们对他是最尊敬的。

三、对每一份责任都保持热忱

如果一个人对自己的工作根本就没有责任感，那他就不会对工作保持热忱。因为他的责任意识淡薄，因此也就不会尽自己最大的努力去担当责任，完成工作。不过，当一个人对自己的工作抱有强烈的责任感时，他就会自觉地燃烧起自己的激情，令自己始终保持着工作的热忱，全身心地投入到工作中去。

一个对工作充满了热忱的领导者，不管处于什么情况下，他都会调动一切有利的积极因素，全身心投入，认真履行自己的职责。这种人通常十分热爱自己的工作，并且认为工作是一定要完成的任务，如果在他们工作中遇到困难的话，他们就会想尽各种办法去解决，力求尽善尽美地将任务完成。

四、做得越多，成长越快

做得越多，自己才会成长的越快，这是一个众所周知的因果法则。

　　许多人能获得事业上的成功，其根本就在于他们比别人多做了那么一点。上面例子中的安心就是一个典范。社会在发展，公司在成长，个人的职责范围也会随之扩大。不要总是以"这不是我分内的工作"为由来逃避责任。当额外的工作分配到你头上时，不妨视其为一种机遇。

　　就领导者而言，在企业运营中有很多工作上的细节需要领导的同意，这就意味着要负更多责任。大到对工作、公司的态度，小到员工正在完成的工作，心到手到之处，自然会是另一番模样。只要你愿意多一份责任感，那就会多收到一份回报。

　　总之，生活总是会给每个人回报的，无论是荣誉还是财富，条件是你必须转变自己的思想和认识，努力培养自己勇于负责的工作精神。一个人只有具备了勇于负责的精神之后，才会产生改变一切的力量。

 杨安谈总裁管理

　　改变态度，努力培养自己勇于负责的精神。那么，你将会产生出无穷的力量，为自己的梦想和事业努力奋斗。

敢于承认错误，勇于担当责任

　　曾记得《士兵突击》中有这样一场戏。许三多说："队长，我，我又错了。"袁朗问："许三多，你怎么老是勇于承认错误，或者说，急于承认错误啊？"许三多笑而不答。殊不知，勇于承认错误正是许三多能走上步兵巅峰的一大秘诀。敢于承认错误，承担相关责任，更是现如今的企业领导者走向成功的指南针。

　　俗话说："金无足赤，人无完人。"每个人都免不了要犯错误，而每个人对待错误的态度和方式方法却有着千差万别。能够以身作则，敢于承认错误、勇于承担责任，是一位优秀的领导者所应该具备的素质和修养。日本"经营之神"松下幸之助就是这样一位高明、杰出而富有智慧的领导者。

松下幸之助本来是个火气很大的领导，他信奉一句话："挨骂是进步的原动力。"正是这种想法，让他的下属们不知道多少次被愤怒的松下幸之助骂得"狗血淋头"。不仅如此，就是他本人如果犯了错误，就算是没有人去追究他的责任，他也会按照公司的规章制度，自己对自己所犯的错误进行处罚，并承担相应的责任。

有一次，分公司的一名员工在征得松下幸之助同意之后签订了一份销售业务合同，数目还很大。但是货是顺利地送出去了，对方却因为资金周转困难而不能马上付款。这名员工觉得对方的信誉一向不错，又是多年的合作伙伴，就同意先交货。没有想到的是，这笔货款最后还是没有收回来。

在公司的年终会议上，这笔烂账被重点提了出来。大家都想着：这个年轻人这下可惨了，肯定要被松下幸之助狠狠地骂一顿了！可出人意料的是，松下幸之助居然没有发作，也没有在会议上点名批评。员工们都纳闷了，大家都搞不明白为什么。部门经理坐不住了，就跑去问松下幸之助，是不是应该让自己或者那名年轻人受点处罚，不然怎么向公司交代。

松下幸之助很认真地说："这笔业务，是我决定签下的。我作为领导者，对对方的经营情况了解得不够就做出了决策，出了问题就是我的责任。我对此觉得非常羞愧，已经反省过了。你说，我怎么还好意思去责怪那个只是执行者的年轻人呢？"

部门经理听了后非常感动，对松下幸之助不推诿责任、不盲目责怪员工的作风十分钦佩。

从此之后，松下公司的员工们更加敢于放手去干，做事也更加卖力、更加用心了。

松下幸之助敢于承认错误，勇于担当责任，无愧于"经营之神"的豁达态度和包容胸襟。

处于管理岗位上的人，无论男女老少，都担心一旦承认错误，就会毁掉自己千辛万苦赢来的尊敬。我们知道，承担责任需要有广阔的胸怀，在很多时候，承担责任无异于承担风险，有时甚至蒙受委屈，而且还需要顾全大局的弃我精神。

承认错误的确是成熟和正直的标志。领导者在犯了错误的时候，不要总想着如何隐瞒错误或推卸自己的责任，应该勇敢地承认错误并采取一切可能的措施去弥补自己的过错，从而将错误造成的负面影响降到最低。

一、是错误就应该去承认

身为企业领导者，如果知道自己犯了错误，就自己先找出错误，主动承认，这远远比从别人口中得到批评要好受很多吧，并且还会得到对方的谅解。许多经验表明，在对方面前勇于承认自己的错误，常常会让对方不再针对你。

如果你犯了错误，就应该勇于承认自己的错误，这样做的人更显得高人一筹，会给人一种令人尊敬的感觉。很多愚蠢的人都会竭尽全力地为自己的过失辩护，一遇到麻烦事你就像个刺猬，这样只会影响你在别人心中的良好形象。而那些承认错误的人，却可以给人高洁、高尚的感觉。

二、有责任就应该去承担

一个领导者犯了错并不可怕，关键在于犯错后你是以怎样的态度对待的。检讨自己的失误是提升领导者形象的重要途径，诚恳地检讨和反省，会为一个人赢得广泛的支持和无限的声誉。

领导者是企业中的主要责任人，有责任就应该去承担，是错误就应该去改正，推卸责任是无助于发展的，推脱只能加重失败。如果永远固执，就不能听取别人对他的合理建议；如果不能承认错误，他的员工就没有人愿意去承担责任。承认错误，是最明智的做法；担当后果，是承担责任的表现。

如果你想成为一个优秀的领导者，你就必须去承担相应的责任，尤其是自己的错误导致的后果。如果你做到了这一点，就会赢得下属对你的信任，因为人们都乐于为敢于承认错误、勇于担当责任的人工作。

三、不要把别人当替罪羊

人们通常愿意对那些运行良好的事情负责，却不情愿对那些出了偏差的事情负责任。人们往往对于承认错误和担负责任怀有恐惧感。因为承认错误、担负责任往往会与接受惩罚相联系。有些不负责任的员工在事情出现问题时，首先考虑的不是自身的原因，而是把问题归罪于外界或者总是寻找各式各样的理由和借口来为自己开脱。这些借口并不能掩盖已经出现的问题，这些理由不会减轻你所要承担的责任，更不会让你把责任推掉。

自己做错了事情，不要怪别人，错就是错，为什么要把责任推卸给别人，让别人当替罪羊呢？要大胆地承认错误，想出解决问题的办法，这才是最重要的。

总之，错误有时候对我们来说是在所难免的。而面对过错，我们应该勇敢地面对它，不应该试图逃避自己应承担的责任。我们要将承认错误、担负责任根植于内心，让它成为我们脑海中一种强烈的意识和人生的基本信条。我们应该以积极的态度去承认错误，从而不断地学习和成长。

 杨安谈总裁管理

犯了错误，自己不承认错误的领导者，是不会受到员工的尊敬的。犯了错误，不但不承认错误，而且一味地推卸责任、逃避错误，这样的领导者，更加不会受到下属的欢迎。勇于承认自己的错误，可以提高一个人的信誉，并且有助于自我完善。

取舍之间，彰显智慧

人的一生都会经历两难的选择，既然选择了就有取舍。在这方面，企业领导者的取舍更有意义，因为他们的取舍总要经过更痛苦的煎熬，有时候要放弃过去所拥有的或所适应的。

　　事实上，一个企业领导者总是在权力的放留、管理方式的选择，以及思想认识方面进行取舍，而这种取舍，恰恰反映了一个领导者智慧的高低。

只有懂得放弃，才能活在当下

选择与放弃，是一份心态、一门学问、一种智慧，是生活与人生处处需要面对的关口。昨天的放弃决定今天的选择，明天的生活取决于今天的选择。人生如演戏，每个人都是自己的导演。只有学会选择和懂得放弃的人，才能赢得精彩的生活，拥有海阔天空的人生境界。对于一个企业领导者来说，只有懂得放弃，才能活在当下。

一、活在当下，要忘了过去

"过去"只有做到使我们现在过得更好，才会对我们有所帮助，此外任何与此无关的、关于"过去"的想法都是没必要的；任何与此无关的、关于"过去"的想法都不是好的想法。

两个和尚在一条因下雨而水位升高的河边遇到了一位焦急不安的年轻女子。这个女子向两位师父哭诉说，自己今天结婚，必须过河，但不想把衣服弄坏。这时，其中一位老和尚走过来把新娘背到身上，并把她送到了对岸。女人身上的衣服完好无损。

两个和尚在回寺院的路上，那位没有背女子过河的和尚喋喋不休地数落同伴，说他犯了佛门大戒，斥责他说"你违反了戒条，你应该找另一个人帮她。你是一个坏和尚。你竟然碰了一个女人！"

175

背新娘的和尚笑了笑，说道："可我已经把她放在岸边了，你却还没放下。"

这个故事说明了这样一个道理：不要老是悔恨发生过的事情，这等于把自己捆绑在过去的记忆中，昨日已去，如何从昨日的过错中吸取教训才是智慧之举，因此要忘却那些如烟的往事。一个走路老是回头观望的人，容易失足掉进阴沟里去。

二、活在当下，不要忧思未来

当你脑海中浮现了一些关于未来的想法时，首先要问问自己：这些想法到底是对未来的焦虑还是关于未来的计划。如果是焦虑，那么这些想法就是对你有害的敌人，就要把它们变为计划。如果你想的事是自己能够控制的，那就制订一个能使未来比现在更好的计划，或者说制订一个能使你的未来更好的计划；如果你想的事是自己不能控制的，那就把这些想法变成愿望，或者是为了某种结果出现而进行的祈祷。一旦你把愿望或祈祷描述出来，就能重新回到"当下"。

"活在当下"是禅宗的语言，是说人应该放下过去的烦恼，舍弃未来的忧思，把生命集中在眼前的这一段。失去此刻就没有下一刻，不能珍惜现在也无法向往未来了。

三、活在当下，千万别犹豫

古人说："明日复明日，明日何其多，我生待明日，万事成蹉跎。"如果我们什么事都等到明天去做，那终将一事无成了。所以每一天对每一个人来说，都非常的宝贵。

一天早餐后，有人请佛陀指点。佛陀邀他进入内室，耐心聆听此人滔滔不绝地谈论自己存疑的各种问题达数分钟之久，最后，佛陀举手，此人立即住口，想知道佛陀要指点他什么。

"你吃了早餐吗?"佛陀问道。这人点点头。

"你洗了早餐的碗吗?"佛陀再问。这人又点点头，接着张口欲言。

佛陀在这人说话之前说道："你有没有把碗晾干?"

"有的，有的，"此人不耐烦地回答，"现在你可以为我解惑了吗?"

"你已经有了答案。"佛陀回答，接着把他请出了门。

几天之后，这人终于明白了佛陀点拨的道理。佛陀是提醒他要把重点放在眼前，全神贯注于当下，因为这才是真正的要点。

活在当下是一种全身心地投入人生的生活方式，而能够"活在当下"、领悟新科学的企业领导者，将获得巨大的好处：当他活在当下，而没有过去拖在他后面，也没有未来拉着他往前时，他全部的能量都集中在这一时刻，生命因此具有一种强烈的张力。

总之，人生伟业的建立，不在能知，乃在能行。告别过去，不要忧思未来，懂得放弃，活在当下，就达到了"知行合一"。

杨安谈总裁管理

如果领导者能够做到安静自己的心，就有可能在静心的一刻做出决策。全神贯注于当下的事情，活在当下，将为你打开一个新的世界。

取舍之间，有所为有所不为

"有所为有所不为"是出自《孟子》书中的一句话，表达了孟子思想的精髓，即人要审时度势，决定取舍，选择重要的事情去做，而不做或暂时不做某些事情。它是一种在理性的主导下做出的选择，是人们为人处世的一种哲学。这种哲学思维既适合于做人、做事，更适合于做生意、做企业。

对于一个企业领导者来说，有所为有所不为是个人的行为定位问题。领导者能否将有所为有所不为权衡好，这关系着他一生的命运，而对于一个企业来说有所为有所不为也同样重要，它关乎着这个企业的生存灭亡。

企业的命运和企业的领导者有直接的关系，也就是说，领导者的有所为有所不为，是真正影响企业命运的关键。企业领导者在战略决策过程中，要做到有进有退、有所为有所不为，才能使有限的资源聚焦于核心业务，才能够做强做大。

一、把握"有所为"

领导者的"有所为"首先要想为什么，即你的使命、愿景和奋斗目标是什么。只有弄清了使命、愿景、奋斗目标，才会尽自己最大的全力去追求、去拼搏。也只有在真正弄清楚这些问题的情况下，才能做到"有所为"。

要做一个成功的领导者，"有所为"包括以下内容：一是要搭好架构，管好流程，定好规则即标准；二是要选好人，用好人，管好人，做好培训；三是要处理好协调工作，包括各种矛盾的处理；四是要端正自己的品格，如遵守法律、讲实话、尊重别人等。

成功的领导者都讲做人原则，所谓"君子喻于义，小人喻于利"。很多人都会赚钱，但信大义、行大义，却不是每个人都能明白。李嘉诚说过这样的话："我们不想做商人，我们只想做一个企业，做一个企业家。因为在我看来，生意人、商人和企业家是有区别的。生意人以钱为本，一切为了赚钱；商人有所为，而有所不为；企业家是影响社会，创造财富，为社会创造价值，影响这个社会。赚钱是一个企业家的基本技能，而不是你的所有技能。"李嘉诚深得"有所为有所不为"之道，才能使他成为大企业家，才能圆他的理想之梦。

一、把握"有所不为"

对于"有所为有所不为"这句话，最难做到的就是"有所不为"。有所不为就意味着放弃，而放弃对某些人来说往往是最痛苦的事。因为放弃就意味着失去一些既得的利益，包括名誉、金钱、地位等，而这些东西往往又是某些人奋斗的目标，在他们心中这些东西是向往已久的，当这些东西就摆在眼前时，说要放弃又谈何容易？因此，孟子的"有所为有所不为"就是要我们学会权衡轻重、利弊、得失，做出理智、正确的选择。

要做一个成功的领导者，"有所不为"主要包括以下内容：一是不得凡事亲力亲为，把下属的事情代办了；二是不得个人英雄主义，罔顾制度，个人说了算，朝令夕改，为所欲为；三是不得以个人偏好用人，评价人；四是不得与下属"零距离"，搞暧昧；五是不违背道德。

企业领导者作为企业中的决策者和行为带头人，在能力具备的条件下道德最重要，因为一个没有职业道德的领导者对于一个企业会有很大的影响的。比如在企业人员的招聘和内部人员的提拔问题上，有些领导者往往以个人情感为出发点，用人唯亲、优先照顾自己的亲人朋友等，完全不顾其能力是否与其所要从事的工作相当，结果造成企业中一些人员素质低下，身在其位而不能谋其政。这样不仅影响了企业的发展，也会影响到企业的形象以及领导者自身的形象。

在企业管理中，有的领导者缺乏必要的责任感，处处为个人的私利着想，因此，贪污受贿、损公肥私、腐化堕落等现象在一些人身上屡见不鲜。领导者的个人作风会影响到企业风气，因此必须加以重视。

总之，"有所为有所不为"是一个值得企业领导者一生去思考的取舍问题。"勿以善小而不为，勿以恶小而为之。"可见，不该为的是恶，哪怕它再小，亦不能为。应该为的是善，哪怕它再小，也要尽力而为。垒实"有所不为"这个地基，方能建起"有所为"这座摩天大厦。世事纷繁，物欲横流，能够有所为，能够有所不为，才能够成就一个无愧的人生。

 杨安谈总裁管理

企业必须有所为有所不为，要通过科技创新和管理创新增强自己的核心竞争内容，增强自己的比较优势，这是企业的生存之本，也是发展的动力。

权力取舍，学会授权与控权

许多人渴望成功，都追求完美，这也是成功前必蹲的"马步"，但不管企业或个人要更上一层楼时，就得懂得授权、放下，才能再创新高峰。对于权力的取舍，其实古今中外早有人看透了。

宋朝时，御史台衙门有一名老仆役，他不仅刚强正直，还有一个怪异的举动：每逢哪位御史有过失，他就把梃棍竖直。古代的梃棍是一种惩罚性工具，衙门中把梃棍作为验证贤与不贤的标志。

有一天，御史中丞范讽接待客人，亲自嘱咐厨师做饭，一连叮嘱好几遍。厨师刚离开又叫他回来，一再叮咛。这时，范讽忽然发现老仆役又竖起梃棍了，就问他为什么。老仆役回答说："凡是指使下属，只要教给他方法，然后要求他完成任务就够了。如果不按法去做，自然有常刑去处罚，何必亲自喋喋不休呢？假使让您掌管天下，你能做到每一个人都去告诉他怎么做吗？"范讽听了既惭愧又佩服。

其实，在中国古代，就一直特别强调这一点，如"将在外君命有所不受"，就是这一原理的体现。在这个故事中，老仆役认为一个事无巨细都要亲力亲为的为官者，就是犯了管理上的大忌。可惜老仆役生在古代，假如生活在现代，说不定也是一个有名的管理学家了。

学会授权与控权，就是为了能够使你抓住要点，能够使你更好管控大局。充分授权，已经成为现代管理的一个著名原则。下面再看一例。

2005年，在美国内布拉斯加州某大学礼堂，年届50的比尔·盖茨面对上千名学子，讲述了对自己未来十年的规划。他说："在今后十年里，我花在慈善事业上的时间会比花在全职工作方面的时间多。也就是说，我得从微软选一位杰出的年轻人坐在这个烫屁股的位置上，制订产品战略。"比尔·盖茨当时有鲍尔默来替他分忧解难，因此，他可以把更多的时间放在他喜欢的程序设计，或是参加社会慈善活动里。

人的一生都在取舍，而且有时往往很难抉择。比尔·盖茨的这种取舍，意味着他在选择中寻找生命的真实意义。比尔·盖茨的好友巴菲特就曾经这样对比尔·盖茨说："人生的进退取舍是对财富管理的最大考验。"

看到这里，如果你是一家企业的老总，你是否会反思一下，这点你能做到吗？事实上，在一些企业中，由于缺乏一定战略高度的人才构架，已经造成了管理体系腐化，责权不明等问题。在这种情况下，就需要领导者舍得放权、有效地授权，并运用智慧对授权与控权进行把握。

有效授权对于企业有两点好处：一是通过有效授权，授权者将庞大的企业目标轻松地分解到不同人身上，同时将责任过渡给更多的人共同承担，让团队每一个职员更加有目标、更加负责任、更加投入、更有创造性地工作；二是通过有效授权，企业减少了控制，摆脱了依从，领导者从权力的烦恼中走出来，被授权者增加了自主性，感受到了责任感，提高了工作的能动性，增强了自我管理能力，获得了更快的个人成长。

有效授权是一项最能彰显企业领导者智慧的工作，尤其需要运用一些管理技巧。

一、明确哪些权力可以下放

先自问这样一些问题：我们最核心的资源是什么？除此之外有哪些管理方式可以更灵活？哪些权力是因为我喜欢做而留在我手头的？哪些权力是因为一直以来的工作都是由我来做而留在手头的，而我的员工其实也有能力完成它们？哪些工作是我的员工请求我来帮他们完成的？假如我对员工技能水平的信心多一点，我可以把哪些权力下放给他们？当我未到岗时，哪些工作常常堆积如山……

二、明确权力界限

在界定了哪些权力可以下放后，领导者需要明确权力界限。在传统的企业中，界限告诫人们哪些事不能做。它们像铁丝网，设计用来对人进行控制。但界限可以是弹性的，可扩展、适应在其中工作人员能力与职责的范畴。如一家制造企业，其最初对店面员工有严格限制。他们仅仅允许作涉及简单任务的决定，如安全、卫生、质量检查等。后来，使员工发展出新的职责，承担诸如选择工作方法、安排日常工作和联系店外客户等任务，这让员工主动性剧增，效果显著。

三、抓住放宽界限的机会

这是一个艺术加工过程，结果往往不可预知。有时员工已经有所准备，能适应更宽松的界限，而领导者却没预料到。因此，抓住放宽界限的机会对领导者来说是非常必要的。如一家分销企业面临巨大的预算缩减，要求那些在自主操作中积累了丰富经验的员工完成4%的预算缩减。在这样的界限内，他们提出了新的想法，例如减少夜间装运。同时，他们也提出了创收的好点子，如联系客户以确保已收到货物，看看客户是否还需要其他的什么东西。这一切源于这家企业的经理们积极地放宽了界限。

四、确定被授权的人

领导者授权时的一个重要的任务就是找出那些最适合某项工作的人并赋予他们恰当的权力，让他们可以尽情施展，为企业发展共享力量。

在企业中，能够授予权力的大致有这样几类人：一是忠诚的人。领导下达的命令，无论如何都全力以赴，忠实执行。二是知道自己权限的人。清楚什么事在自己的权限之内，什么事属于自己的权限范围之外。三是领导不在时能负起责任的人。在领导不在的时候也会尽自己应尽的责任，当领导回来之后，向他汇报发生的事情以及处理的经过。四是可以自己处理问题的人。在不逾越权限的情况下，可以凭借自己的判断把分内的事情处理好。五是勇于承担责任的人。不管什么原因，对工作认真负责，有"功归部下，失败由我负责"的胸怀和度量。

五、做好宏观控制

不断放宽界限并非意味着外部限制不存在了，其实界限还在人们的头脑里。不过，有效的内部控制必须以明晰的价值、前景和方向为基础，这些是领导者对授权进行宏观调控的工作。从管理的角度来讲，如果你重视培养人，那你在授权后，还要重视其执行的过程，要求他按时汇报；如果你比较相信他的能力，则只要求汇报结果。这就如同放风筝，风筝飞得好不好，全在于你能否扯好风筝线。

总之，授权的成功与否，从大的方面来讲，决定着企业的兴衰成败；从小的方面来讲，影响工作的顺利开展。因此，授权必不可少，授权势在必行。当然，强有力的宏观控制，授权才可能实现权力和责任的真正委托，确保企业在良好状态下运行。

 杨安谈总裁管理

在现代企业制度下，做好授权与控权，是企业领导者的责任和义务。授权就是复制自己，就是让别人为你工作，是放大自己时间的杠杆，是决定一个领导者能力高低的标志。

做事取舍，管理上的"加减法"

一个优秀的企业领导者应该做的事情有很多，但是，企业领导者正因为需要做的事情太多，往往深陷其中，迷失在繁杂的事物里，结果是做得越多，效率越低。其实，对工作的取舍，体现了领导者的一种管理智慧。

在纷繁复杂的管理工作中，企业领导者只要把握管理工作的 3 个原则，即不做不该做的事、不做不重要的大事、做好重要的小事，就可以从企业经营的繁杂事务中跳脱出来，从容管理。

一、不做不该做的事

在中国的企业中，尤其是中小企业中，许多企业领导者由于企业刚刚起步，为了节约成本，很多事情都亲自去做，一人多能，一人多职，即使公司慢慢发展壮大，不再需要自己去做很多事情，却还是习惯于事必躬亲，觉得谁做事都不放心。在事业初期可以这样，但是企业领导者一直都事事亲力亲为，那样企业将难以做大做强。

还有一些企业领导者是擅长某个领域的专家，觉得谁做都不如自己做得好，虽然事实上可能真的是这样，但是导致的结果就是，自己成了一个技术专家、销售精英或公关高手，单单不是一个好的企业领导者。比如一些技术出身的领导者，多把精力都投在了专业工作上，而忽视了自己的真正工作是管理企业，要做一位统帅，而非一名可以独当一面的大将。

孔子在《论语》中讲："在其位，谋其政；不在其位，不谋其政。"指的就是不去做不该做的事，这样一来也就有时间和精力去做该做的事，该做的事也就容易做好。很多企业领导者不明白这个道理，以为做得越多就等于工作效率越高。但是事实却是——对于一个司机而言，除了专注地操作方向盘以外，做其他任何事情，即使做得再好，也是失职。

在我们的企业管理活动中又何尝不是这样呢？在让员工一人多能，一人多职的同时，看似多做了很多工作，殊不知却扼杀了多少某个方面的专才，也不知少产出了多少专业的成果。因此，对于一个领导者而言，只有深谙"不在其位不谋其政"的精髓，自己才能做好管理工作，下属也才能把工作做好。

二、不做不重要的大事

在管理中，有些时候事情其实很简单，但是我们忽略了没有去做，而是去做那些看起来很大的，很重要，却没用的事。因此，一个企业领导者面对每天纷繁复杂的事物，要有辨别能力，不去做那些看似重要的却并非重要的大事，这样才有精力去做好该做的事。

有一位企业家，很多大事他都不过问，只过问 3 件事：财务状况、产品质量、市场反馈。仅仅如此，更多的时间是去旅游和打球，但是他的企业发展得非常好，非常快。其实，这位企业家是没有被纷繁的企业管理工作和市场乱象所迷惑，抓住经营的几个关键点，这样企业就不会有大的偏差，而后把更多的时间放在关乎企业生死存亡的大事上，也因此才能够跳出这个局，保持思维的客观、冷静，视野的宽广与高远。

不做不重要的大事和去做重要的小事一样，是一种透过事物表象抓住其本质的能力，同时也可以看出一个领导者在取舍面前的气度与格局，其思想的睿智与深刻。

三、做好重要的小事

《黄帝内经》中说："上工治未病，不治已病，此之谓也。""治"，为治理、管理的意思。"治未病"即采取相应的措施，防止疾病的发生发展。其在中医中的主要思想是：未病先防和既病防变。在今天，我们很多企业领导者也都很推崇甚至效仿那些做"大事"的人，殊不知，那些终日风平浪静，没有大事发生的企业，领导者看似在"治未病"，却能使企业健康发展的领导者才是无为而治的高手，他们不是没能力处理大事，而是他们把大问题都解决在了发生之前。

在企业经营过程中，很多看似很小的问题却可能导致极严重的后果，而任何一个大问题的起因都是很细小，不为人察觉，同时也是很好消除的，只是我们很少注意到，这种能力比起在企业面临巨大危机时逆转危局的能力还重要。对于领导者本身，更要善于防患于未然，提前洞悉事物发展，发现小问题背后的大隐患，将其消弭于无形。因为，与其救企业于危难，不如不令企业陷于危难。

总之，不做不该做的事、不做不重要的大事、做好重要的小事，这种做什么的"取舍加减法"，体现了一个企业领导者成熟的管理智慧。

 杨安谈总裁管理

优秀的企业领导者不一定要拥有什么经天纬地的才能，在管理工作中，平凡不等于平庸，不平凡也不等于卓越。企业需要的不是大起大落，惊涛骇浪，而是平稳发展与健康持久。只要我们能透过事物表象看清大小事务后面的本质，而后做自己该做的事，就是一个优秀的领导者。

总裁管理智慧九

心怀感恩，传播爱心

感恩之心，是人们感激自然、社会、他人对自己所施恩惠并设法报答的内在心理要求。感恩是中华民族的传统美德。从"滴水之恩，涌泉相报"到"衔环结草，以谢恩泽"，再到"乌鸦反哺，羔羊跪乳"，我们有着深厚的感恩文化传统，也深深地滋养着一代代人。

在企业文化建设中，感恩文化建设是其重要组成部分。知恩图报是企业感恩文化的核心，是企业的商业伦理和道德操守，也是企业核心价值观的重要内涵之一。

感恩那些伴随我们人生路的人

人为什么要感恩？"滴水之恩，涌泉相报""谁言寸草心，报得三春晖"，等等，是中华民族儿女发自肺腑的感恩之声。当一个人具有感恩之心，他的生活便少了一分报怨，多了几分珍惜，这其实是一种生活态度，是一种知足，一种珍惜，一种前进的表现。

钱学森在美国留学，随后坚持要回到祖国。美方千方百计地挽留他，用优厚的待遇诱惑他，最后甚至使用暴力，但这丝毫没有动摇他回国的决心。最后，他终于回到了魂牵梦绕的祖国，并为祖国的航天、军事事业做出了突出贡献，荣获"两弹一星"勋章。钱学森义无反顾，因为他懂得感恩。

感恩是一种积极向上的思考，是一种谦卑的态度，是一种充满爱意的行动，是一种处世哲学和生活智慧。感恩更是学会做人，成就阳光人生的支点。一颗感恩的心，就是一颗和平的种子，因为感恩不是简单的报恩，它是一种责任、自立、自尊和追求一种阳光的精神境界。每一个有爱心的人，都应该是个懂得感恩的人，人生也正是有了爱心、孝心和感恩心而精彩。

感恩是一条人生基本的准则，是一种人生质量的体现，是一切生命美好的基础。感恩是生活中的大智慧，能使我们感受到大自然的美妙、生活的美好，能保持我们积极、健康、阳光的良好心态。怀有感恩之情，对别人、对环境就会少一份挑剔，多一份欣赏和感激。感恩，是一种美好的情感，是事业上的原动力和内驱力，是人的高贵之所在。感恩将使你的心和你所企盼的事物联系得更紧，感恩将使你对生活、对一切美好事物的信念更加坚定，从而一生被美好的事物包围。

懂得感恩，才会体味生命的真谛，才能感受人生路上的不寂寞。我们一路走来，有太多人需要感恩：人待我好，要感恩；人欺负我，要感恩；人夸奖我，要感恩；人贬低我，要感恩；人帮助我，要感恩；人拒绝帮助我，要感恩……感恩那些伴随我们人生路的人。

一、感恩独一无二的父母亲

父母亲把我们带到这个世界上，给我们以父爱母爱，即便没有给我们父爱母爱，甚至没有给我们任何东西，我们都应该感恩，是父母把我们带到这个世界上来。让我们有机会感知世间的冷暖，世界的鸟语花香。感恩父母，天经地义。

二、感恩那些对我们好的人

世界上没有任何人需要别人一辈子对自己好，他们没有这样做的义务。请牢记，没有人有义务对我们好的，所以请珍惜那些不求回报而对我们付出真心的人。感恩他们，没有任何理由可以说不。

三、感恩那些帮过我们的人

感谢那些曾经帮助过我们的人，因为有他们的帮助，让我们看到了希望，看到了阴霾天的彩虹，不管是大事还是小事，不管是否因为他们的帮助，我们成功失败与否，学会感谢那些曾经付出真心给予自己帮助的任何人。感恩他们，没有任何理由可以说不。

四、感恩那些引导过我们的人

人生难免在某个时候会失去方向，在漫漫人生路上，我们偶尔会迷失方向，找不到前进的灯塔在何处。感谢那些在迷失路上给我们指明方向的人，因为有他们的引导，让我们少绕很多的弯路，明确自己的人生方向，不至于迷失在丛林中。感恩他们，没有任何理由可以说不。

五、感恩那些贬低过我们的人

在人生路上有人会帮我们，难免也会有人贬低我们，会在不经意之间伤害我们。感谢那些在我们伤口上撒盐巴的人，因为有那些人的存在，让我们在成长中一步步明白了坚强的意义，磨炼了我们的意志。感恩他们，没有任何理由可以说不。

六、感恩那些教会我们独立的人

不是每一个人都会无私地在我们遭受挫折的时候伸出援手，但因为有他们的存在，让我们更为深刻地明白坚强独立的重要，因为有他们的存在，让我们看清楚更多的事情，让我们更清楚地明白自己是有多么的坚韧。感恩他们，没有任何理由可以说不。

感恩，不像你想象得那么遥不可及，它做起来也很简单。当他人向你寻求帮助时，你要热心的帮助他；当得到他人的帮助时，你要投去一个甜甜的微笑；当受到他人的鼓励时，你要说声"我会继续努力的"。存有一颗感恩的心，我们会变得善良；存有一颗感恩的心，我们会变得博大；存有一颗感恩的心，我们会变得更坚强。只要你怀有一颗感恩的心，真正明白了活着的意义，那么你的心灵就会与假丑恶绝缘。

杨安谈总裁管理

生活的每一天，我们都应该充满着感恩之情，学会宽容，学会承接，学会付出，学会感动，学会回报。

心怀感恩之心，你会走得更顺

感恩不仅是一种品质，一种境界，一种精神修养，同时也有利于企业的长久发展。因此，一个成功的企业领导者，要懂得感恩，学会感恩。

一、感恩员工

企业成功了，固然有领导者的功劳，但也有普通员工的汗水和心血。作为一名优秀的领导者，必须具有对下属和员工的感恩心理，真心地感激自己的下属和员工：没有他们，就没有自己的成功。只有这样，才能把下属和员工维系在企业这个大家庭之中，同呼吸、共命运，为企业的兴旺发达赴汤蹈火。

有一家企业濒临倒闭时，老板"三顾茅庐"请来一位人才，承诺如果企业能够扭亏为盈，每年将从总生产收益中拿出 10% 作为酬金回报。该人才来到企业后呕心沥血，事必躬亲，经过一年的努力，这家企业果真奇迹般地被救活了，不但还清了前几年亏损的债务，而且还净赚了 1000 多万元。看到企业内外形势一片喜人，老板却睡不着了，为什么？因为老板想不通：我为什么要白白分给他一杯羹呢！看着这位老板痛苦的模样，这个人知趣地递上了辞呈，一去不返。但是让老板始料不及的是，自从那位人才离开后，企业的生意又一落千丈，一年不如一年，最终倒闭。

常言道："滴水之恩，当涌泉相报。"可惜的是这个老板要求员工对企业感恩时，却不曾想到自己对员工也要感恩。在他的眼里，"三条腿的猫不好找，两条腿的人有的是"。殊不知，人才是企业的根本，一个企业的发展壮大和成熟，离不开人，尤其是千金难求的人才。违背了这条规律，企业的路是走不远的。

二、感恩竞争对手

人们常说，"对手越强我则越强"。对手既是我们的挑战者，也是我们的同行者，是对手唤起我们的斗志，是对手促使我们进取，是对手帮助我们更上一层楼，使自己变得更加完美。

我们来看看下面这几则故事：

在秘鲁的国家级森林公园，生活着一只青年美洲虎。因美洲虎在世界上仅存17只，是非常珍稀的动物，秘鲁人专门为这只虎选择了一块近20平方千米的森林作为虎园。虎园里树木茂密，景色优美，还有成群的牛、羊、马供老虎食用。来公园参观的人们都说这是老虎的乐园，但人们却从未见这只"森林之王"显露丝毫王者之气，它只是整天无所事事，耷拉着脑袋，只知吃了睡，睡了吃。人们以为老虎太孤单了，又租了一只雌老虎，但还是无济于事。一天，动物行为学家来此地，告诉人们应该引进几只豹子。人们照做了。从此老虎重振雄风，每天不是站在高高的山顶愤怒地咆哮，就是如飓风般冲下山冈，或者是警觉地四处游荡。老虎那刚烈威猛、霸气十足的本性被重新唤醒，成了真正的森林之王。

　　一个牧场常被狼叼羊，于是牧场主用了整整一个冬季雇用猎手才把狼给消灭掉了，本以为狼患没了，羊可以没事了，但更大的损失等着他。羊群开始流行瘟疫，羊群大量死亡。牧场主请来兽医，瘟疫还是接连不断地发生。无奈，牧主请来一位专家，专家却重新把狼给请来了。瘟疫很快没有了，羊又恢复了往日健壮的样子。原来，狼对羊群有着天然的"优生优育"功能。狼的骚扰，使羊群常常处于激烈运动之中，羊群因此格外健壮，老弱病残的落入狼口，瘟疫源也就不复存在了。

　　美国拳击手泰森称霸拳坛，击败了一个又一个挑战对手，最终成为真正的拳王，而无敌于天下。不想，由于鲜花和荣誉麻痹了泰森，令他骄狂、麻木和纵欲，终于获罪入狱。

美洲虎因为没有对手而颓废，又因为有了豹子作对手而恢复了以前的虎威，羊群因为没有天敌而瘟疫四起，又因为有了狼的猎捕而得以强健，而昔日威震拳坛的拳王泰森却因为缺少了对手而银铛入狱。

当我们在人生的旅途上披荆斩棘，艰难前行的时候，其实并不寂寞。同行的除了在身边陪伴你、保护你的朋友，也有隐藏在暗处，时刻准备给你致命一击的对手。有时候，哪怕你的朋友全部离你而去，你的对手却依旧陪伴在你的身边，用他们的尖牙利爪提醒你他们无时不在。其实，拥有一个强劲的对手，反倒是一种福分，一种造化。感谢你的对手，因为他们总是令你充满斗志，保持激情。

感谢你的对手，要想建立人生的大格局，那就要让自己有大气度。人的胸襟有多大，成就就有多大，争一时不如争千秋，更何况你怎么知道，老天爷的布局不是要让你扛起更大的责任呢？忍一时之气，退一步海阔天空，反倒处处是出路。谁都不愿意受伤，但是受伤后风雨后的彩虹，使人更开阔。积极面对你的对手，并学会给你的对手留条路，你的宽宏会让你的对手为你喝彩的！

三、感恩消费者

一个企业的发展壮大，离不开消费者的关爱和支持，正是因为有了消费者的长期支持，企业才能在竞争激烈的商业社会中叱咤风云，也正是因为如此，那些发展壮大了的企业一直对消费者怀着一颗感恩的心。

2012 年 5 月 30 日，中国领先的商务休闲男装品牌企业、中国质量检验协会团体会员单位——九牧王股份有限公司迎来成功上市一周年。为了庆祝这意义重大的一天，九牧王联合知名企业八马茶业，将以茶为礼，答谢全国消费者。

活动当天，九牧王在全国指定店铺推出——消费满 601 元送 566 元八马茶叶铁观音精装礼盒一份，仅限一天！这家以"牧心者牧天下"为企业文化理念的品牌企业，对内对外充满了感恩之情。无论是上市周年庆，还是九牧王公司主导产品"九牧王"品牌男裤连续 12 年荣列同类产品市场综合占有率第一位，九牧王首先想到的都是消费者！

九牧王董事长林聪颖在接受采访时表示："精工品质与重视消费者需求，是公司稳健发展的重要原因。在企业经营过程中，我们始终认为，企业再大大不过消费者，天底下最大的是消费者，不是企业。"

一个企业的发展和兴衰，有很多成功因素，但最重要的却是消费者真诚的信赖和高度的忠诚。离开了消费者，企业便成了无源之水。企业只有真正对消费者树立感恩的心态，才会积聚核心竞争力，才会解决长远的战略发展问题。企业感恩消费者，不仅有助于推进我国商业文化建设，培育良好的社会诚信环境，更有助于提升消费信心、拉动内需，促进经济进一步发展。

四、感恩社会

为了感恩社会，很多企业积极献爱心，帮助贫困地区、给灾区捐款、资助残疾人等，体现了现代企业可贵的爱心。

2012年6月30日，益海嘉里集团沈阳分公司全体员工在中街沃尔玛举办了"温暖 亲情 金龙鱼20年感恩义卖"活动。全部义卖所得和员工自发捐助的钱款、物资，都全部捐赠给沈阳市儿童福利院。7月1日，益海嘉里集团沈阳分公司爱心活动正式起航，满载爱心与物资的两辆大客车来到了沈阳市儿童福利院。此次不仅为福利院的儿童带来了米、面、油等生活必需品，还为这里的孩子带来欢笑和来自益海嘉里的关爱。2011年7月，益海嘉里集团荣获了中华慈善总会颁发的"中华慈善突出贡献奖"称号。2012年，益海嘉里集团获得"希望工程二十年特殊贡献奖"。显然，这是对其多年来对祖国公益和慈善事业默默奉献的最好回馈。

益海嘉里集团成功塑造了中国食用油第一品牌"金龙鱼""胡姬花"和"口福"等国内著名品牌，并一直致力于公益和慈善事业，将公益事业列为日常工作的一部分，尽最大能力回馈社会。

总之，企业领导者学会感恩，你的企业会健康发展，你的事业或更加成功。学会感恩，因为这会使世界更美好，使生活更加充实。

 杨安谈总裁管理

当下，"招工难、难招工"已成为企业间最热门的话题，如果企业还把员工当作廉价劳动力，舍不得"掏腰包"，那么将会出现一个很危险的信号——你的订单谁来做，你的产品谁来开发，你的企业谁来支撑？再简单地说，只有让员工有钱了，企业才会更有钱！如果光停留在"只有企业有钱了，员工才有钱"的阶段，那么企业招工只会难上加难。

感恩有利于团队成员人际交往

感恩不是单纯指感恩自己的父母，自己的家庭，其实在企业内部讲感恩，可以达到同心无敌这个目标。和谐的人际关系和良好的心理素质是团队精神的基础，没有良好的人际关系是不可能有人与人之间的真诚合作的，没有良好的心理素质，也是很难做到相互宽容、相互理解的。

企业如果能够实现同心无敌，所有人都为企业这个整体着想，企业就会形成团结的风气，团结的团队自然是更容易实现目标的。而企业发展好了，个人自然也会大有好处。这无疑是值得每一个企业中的人感恩的事情。

一、感恩能使企业成员一条心

感恩之心可以促使企业内部更团结，从而达到同心无敌，反之，一个团结的企业里的员工也多是能够用感恩之心来看待企业的。因为感恩，所以他们愿意付出，不会因为一点小事就斤斤计较，会更加看重团体的成功。

一个团队是不是能够发展，关键是团队内部的每一个成员的态度。那些著名企业的员工，都认为自己的公司是行业内最好的。这是企业凝聚力的一个最明显的表现。企业内部都不能做到同心同德，企业也就没有持续发展的动力。

企业内部上下一心，更容易取得成功。企业的成功反过来也会激励每一位员工，"大河有水小河满，大河无水小河干"说的就是这个道理。一般知名大企业出来的员工，更容易被其他相关企业争抢，因为他有在某一行业内领军企业工作的经验，对于其他企业来讲十分宝贵。

二、用感恩之心消除团队沟通障碍

在一个团队中，由于每个人所处的位置、个人成长的环境不同以及教育程度的差异，平时的沟通难免存在一些障碍，而我们如何排除这些障碍呢？只要团队领导者在工作和生活中常怀一颗感恩之心，就能用真诚换来真诚，有效地做到沟通和协作，从而塑造出同心协力、蓬勃向上的团队精神。

当沟通出现障碍时，团队领导者一方面要主动避开当时产生分歧的话题，去寻找另外表面上看似与其不相干而实质上有其内在联系的话题；另一方面，也要从自身找原因，为什么会出现沟通上的障碍，是不是自己看问题的高度不够，信息掌握的不全面，是不是缺乏全局考虑问题的观念。你应该敞开心扉，对自己的想法和做法自始至终的解释清楚，取得他们的理解和支持，并以诚恳的态度、满腔的热情和执着的精神换回他们的真诚回应。尤其是当与下属出现沟通障碍时，要做到主动、主动、再主动，消除下属敬畏的心理障碍。要主动关心他们的生活，主动听取他们不同的意见，做到畅所欲言，并主动地去做一些事情，用自己的行动影响他们、带动他们。

三、把交往中的负面信息快速删除

在团队成员的人际交往中，情感是流动的，而且是双向流动的，爱的能量是不断流动着的美好情感的汇聚。由这种人际交往产生的爱，给生命注入了巨大的能量，让你感受到生活的美好；因为感受到对方的爱，进而学会发现自己、珍视自己，由此发出的感激之情延伸和扩展到整个团队，这种感激的力量自然注入工作之中，快速地转化为巨大的推动力。

感恩是情感的保鲜剂、防腐剂，怀着感恩之心与人进行沟通，就不会让情感发霉，原因是感恩让每个人学会了储存快乐、积极的信息，记住别人给予的好处。感恩本身就具有杀毒功能，把人与人之间可能随时储存的各种负面信息快速删除。

四、常说"谢谢"，团队人际关系更加融洽

"谢谢"也许是我们最习以为常的表达感恩的方式了。美国一项最新研究表明，一声"谢谢"不仅可以表达自己的感谢之情，还会使人际关系更加融洽。研究发现，受助之人对施助之人说声"谢谢"，不仅会使双方感到愉悦，而且会使受助之人更积极地看待施助之人，产生知恩图报的想法。简单的一声"谢谢"，还会使双方更积极看待相互间的关系，产生一种良性互动。

学会感恩的团队最有战斗力。感恩有利于团队成员人际交往，是推动每个人成长和提升工作成绩的内在动力。

 **杨安谈总裁管理**

今天的社会节奏太快，匆忙奔跑和追赶的职场中人更应该学会感恩。企业领导者要提倡感恩，让自己和整个团队在匆忙的人生道路上充盈着对彼此的感激之情，积蓄生命中爱的能量，学会与他人进行心与心的沟通，学会对每一位身边的人说一声"谢谢"。

培育感恩文化，传播反哺爱心

感恩对于个人是一种心态，对于社会就是一种文化。企业感恩文化，就是指企业在生产经营活动中，通过长期实践所积淀起来的企业与国家、企业与社会、企业与客户、企业内部人与人之间的感恩之情、感恩之行的总和。感恩文化是企业文化的有机组成部分和普适价值观，是企业精神层面和文化底蕴的主要载体。企业感恩文化旨在用感恩意识来作为建立各种关系的基础。企业感恩文化就是提倡以感恩反哺和处理好企业、社会、客户、合作伙伴、员工之间的关系的文化。培育企业的感恩文化，是整合企业各种竞争优势及赢得未来竞争的关键所在。

那么，企业领导者应如何培育"感恩文化"呢？首先是强化企业"人本管理"的理念，建立相关制度体系，树立员工之间相互的感恩意识，连接企业和员工之间的双向感恩纽带，培养对客户的感恩意识，提升企业对社会的感恩意识，塑造对合作伙伴的感恩意识。这6种关系应与企业文化所倡导的核心价值观相一致，互为补充，有机统一，真正以感恩互动促进企业和社会和谐。

一、强化"人本企业"理念

从"企"字的写法可以看出，如果把"人"拿掉，"企"字就成了"止"，这是对"人本企业"的最好注脚。在所有的管理过程中，人是最为重要的。

坚持以学习科学发展观、构建和谐企业为目的，以拓展延伸企业文化为核心，以提升员工的思想道德素养为重点，以感恩主题教育活动为载体，教育与实践并举，倡导人文关怀，丰富企业文化，让广大员工通过个人成长、家庭及企业的发展变化，激励员工"感恩于心、报恩于行"，为企业的不断发展提供新的精神动力和发展活力。

二、建立企业公平公正的制度体系

完整的制度体系是感恩的前提和保障。培育感恩文化，首先应对的是企业的机制和制度。员工是企业创造价值的主体，企业应对员工怀有感恩之心，在感恩情怀下完善各种机制，并体现出效率与公平，员工的"责、权、利"有机统一和完美结合。通过有效的途径和制度保障，对员工进行人道关怀，使全体员工共享企业发展成果。

公平合理是激发员工工作主动性的原动力。员工的付出程度应和所得到的回报成正比，这种回报包括物质和精神两个层面。如果员工认为自己的努力和付出与得到的回报价值不公平、不合理的时候，工作主动性、积极性和创造性就会降低，分配的合理性对员工影响重大。

三、员工之间的相互感恩

团队是一个大集体，要想在这个集体里面拥有一片天地也不容易，每个人都是很复杂的，要想得到每个人的理解并不容易。所以，在企业之中进行感恩文化建设，应该要求员工之间相互理解，相互体谅。对别人的工作积极支持，对别人的困难表现宽容，对别人的帮助心存感激。企业员工在自己心中培植一种感恩的思想，可以沉淀许多浮躁、不安，消融许多不满与不甘。

员工之间的相互感恩，能使员工们的生活、工作变得更加的美好，让员工在企业的大家庭中找到战胜困难的勇气，让员工们能在企业中找到归属感，更加的积极向上。这样就会形成一种和谐的氛围，让每个人都真正地融入到别人的圈子里面。

四、企业和员工之间双向感恩

员工要对企业感恩。因为企业给他们提供了自我展示的舞台，是企业为他们搭建了实现人生价值的平台，也是企业为他们营造了自我发展的氛围。也是由于企业提供的工作，满足员工衣食住行的生活需要。

但是更重要的一点应该是，企业的领导要对员工感恩。员工用自己的劳动为企业创造价值，他们经常无偿为公司加班加点，他们为了获得某项订单不得不忍受大量的冷眼和鄙视，他们为了准时交货常常顶着高温、挥汗如雨，他们为了维护企业的形象常独自咽下委屈的泪水。这一切都是企业的领导人不能忽视的，他们必须认识到正是由于各位员工做好了自己的工作才能有企业的正常运转，正是由于员工们共同努力才有企业的发展和进步。然而，今天很多企业对待自己的员工的时候却总是单方面的要求员工"感恩"，而把自己摆在"施恩者"的地位，结果导致员工积极性不断下降，企业整体效率不断降低，甚至随着企业的不断发展壮大而每况愈下。

因此，企业与员工之间应该是双向的，或者说是等价的，必须倡导企业与员工之间的相互感恩，才会有员工对企业的感恩；甚者企业应该付出更多的感恩，才会让员工真正地体会到大家庭的温暖，才会在默默无闻的工作中贡献自己更大的力量。

五、履行社会责任，积极回报社会

企业追求的是利润最大化，但利润不是一个企业的终极价值形式，在利润之上还有社会责任。企业生存于社会，应当回报社会；企业家不但要会赚钱，会经营企业，更需要有社会责任感。企业要把关爱和回报社会，自觉履行社会责任看作是感恩文化的重要体现。尽力做好企业，尽心回报社会，对企业来说责无旁贷。有良心的财富才有意义。

六、对合作伙伴的感恩

合作伙伴是最值得珍惜的，伤害了就无法轻易还原。企业成功之道，当是秉持感恩之心，走合作共赢之路。感恩的心是合作的捷径，也是共赢的催化剂。

如果没有了感恩之心，"合作"会成为"利用"，"伙伴"会成为"对手"，"和谐"会成为"动荡"。相互提防、提心吊胆、机关算尽、过河拆桥等，何必让这样的所谓"合作"来折磨自己？何必为自己树立这么可怕的对手？没有伙伴的社会义怎么可能是一个和谐的社会？

总之，企业领导者要不断加大感恩文化建设力度，把感恩文化根植于心、形成于思、见诸于形、收获于果。

杨安谈总裁管理

企业的感恩文化建设，要加强领导、提供保障，精心部署、狠抓落实，统筹兼顾、注重实效，要与企业中心工作相结合，做到"两不误、两促进"，形成企业感恩文化建设的长效机制。

总裁管理智慧十

调整心态，放下我执

对于放下，很多人有不同的看法。其实，放下是一种智慧的选择，放下是一种顺其自然的心态。面对不同的选择，应该学会放下，学会满足，这是智者的心态，是成功的阶梯。处事时，该放就放，该断就断，不要因小失大。

　　大凡成功的企业领袖，都能摆正心态，在一定程度上能够放下压力，放下烦恼，放下抱怨，放下狭隘。他们放下了生活中不必要的东西，所以才迈出了洒脱的一步，活出了自我的风采。

放下压力，将变压力为动力

北宋时期，有一位画家叫朱子明，在山水画上很有造诣，他的画如同行云流水般潇洒。但他的同行们很是妒忌他，就四处造谣贬低他，说他是个不折不扣的"驴画家"。

当时的皇帝宋徽宗非常喜欢画驴，有一天他问大臣："天下何人画驴最好？"大臣一时间回答不出来，退下后急寻画驴出名的人，后来得知一位叫朱子明的画家有"驴画家"之称，即召朱子明进宫画驴。

朱子明得知被召进宫是为皇上画驴时，简直哭笑不得。皇命不可违，情急之下的朱子明苦练画驴技术，他先后为皇帝创作了数百幅驴画，深得赏识，真正成了天下第一画驴之人。

从这个小故事中我们看到，在压力面前，一个人能将压力变为动力，不仅是一种能力，很大程度上也是一种思想境界。推而广之，压力管理在企业中也颇具意义。企业的运营有它自己的规律，运营过程中的波动就像人感冒发烧，它"病了"你就缓着，不能硬撑，应该运用一些方法来缓解"症状"。

在企业经营中有这样一个有趣的现象，当企业经营顺风顺水的时候，营销与管理工作做起来会越加的得心应手，各种资源也向其聚拢，为下一步的成功奠定了基础。但是，当企业陷入困境后，有不少明星企业与卓越的领导者惊慌失措，在困境中不断做出错误决策，把企业带入深渊。而另有一些企业领导者在困境面前却能够不受客观环境的影响，依然做出正确的决策，带领企业走上更高的台阶。

当企业经营陷入困境的时候，存亡的关键多取决于企业的领导的决策，能够在逆境中不受环境干扰，沉稳应对，就需要领导者除具有高度的领导力与战略视野外，更需要有极高的抗压能力。抗压能力是逆境中其他技能的基础，没有此项特质其他的技能将很难成立。

心理学有个著名的"豆芽菜理论"：人才的成长恰如发豆芽，豆芽放在湿布上，上面还必须要压上石头。没有石头的压力，豆芽长得又长又细，味道很差；有了石头的压力，豆芽才会长得又白又胖，味道鲜美。这说明适当的压力是管理者进取的有效动力。

一、不同企业中领导者的减压方法

现在的企业有很多类型，经营方式有很大差别，所以不同企业中的领导者减压方法也不一样。

一是传统型企业家，他们往往关注细节，过分追求完美，很多事情喜欢亲力亲为，造成了整天忙于工作而没有家庭生活。这类企业的领导者，他们的减压方法应该是：凡事可以先有计划，把事情置于自己的可控范围内，压力自然下降；多花些时间和下属沟通，学会对下属有效授权，控制自己对细节过于深究的冲动；学会和家人、朋友分享感受，相互关照，不要让工作占用全部时间。

二是理想型企业家，他们的特质是充满活力，富有激情，乐于帮助他人成长和进步，在企业中是精神领袖的角色。这类企业的领导者，他们的减压方法应该是：踏踏实实地处理一些具体工作，帮助下属解决实际困难，这样会减少领导者与下属之间的隔阂；勇于面对现实状况，当发现自己的理想与现实有较大落差时，保持冷静，审时度势，既不会拒绝改变，也不会全盘否定自己的理想；作为理想主义者，可以在有压力时在文学、艺术、心理学的世界里找到宁静和谐。

三是创业型企业家，他们往往反应灵敏，热衷冒险，他们为行动、冲动而活着，他们在工作中表现出很高的技巧性。这类企业的领导者，他们的减压方法应该是：不要有密集的日程安排，当感觉压力大时，可以多一些自由安排工作和生活的机会；保持耐心，克制一些不切实际的冲动，坚持实现原有目标、按计划工作，不轻易改变，不做偏向的行动；寻找有全局观的人一起合作，这样保证团队目标的一致性。

二、遵循压力管理四原则

压力产生的原因是多方面的，在进行压力管理时应该注意以下4个原则：

一是区别原则。在消除压力前，首先要找出压力的来源并区别对待。有些压力是可以避免的，比如由于员工之间不团结，人际关系复杂给企业领导者造成的工作压力；有些压力，比如来自工作本身的压力是不可避免的，只有通过提高员工自身的工作能力和心理承受能力来解决。

二是具体原则。由于压力在很大程度上是一个主观感觉，因此在进行压力管理时，要区别不同的对象采取不同的策略，根据对象的不同特点，做到具体问题具体分析。

三是适度原则。进行压力管理并不是不顾组织的经济效益而一味减轻员工压力，最大化员工满意度，适度的压力是必不可少的。

四是引导原则。由于压力的产生是不可避免的，所以引导压力向积极的一面发展就显得很重要。对企业领导者来说，有些外部因素是不可控的，比如面对强大的竞争对手，这时可以灵活地将压力变为动力，激发更多的工作热情。

总之，压力虽无法避免，但我们可以学会"放下"。唯有懂得放下内心那些偏执的臆想与负面情绪，人才能在困境中获得快乐。作为一个企业领导者更应该明白，魔由心生，许多压力是自己造成的。在重压之下，最需要保持心境平和，然后运用一些方法，顺势而为，扩大自身优势，摆脱压力的困扰。

 杨安谈总裁管理

在压力管理上，你可以掌握情绪管理的智慧，停止无用的痛苦与抱怨。压力越大，或许越能提高自己的能力，以后碰到相同的人、事，就不会不知所措。

放下烦恼，快乐其实很简单

很多时候，企业领导者会感觉做企业很累，很烦恼。企业的初级阶段，有烦恼；发展到高级阶段，成熟了，有更多的烦恼。没市场，没人才，没资金，烦恼；有市场，有人才，还是烦恼。市场有了，但是竞争对手也有了，于是烦恼；人才有了，但是人才开始向你叫板，烦恼。此外，企业也是个社会人，各种社会关系要梳理，还是难以摆脱的烦恼。

有一首打油诗这样写道："春眠不觉晓，处处闻啼鸟；后悔当领导，处处有烦恼。"烦恼谁都体会过，特别是有的企业领导，被烦恼蚕食了健康，身体出了问题，比如心脏病、胃病，还有的精神上出了问题，比如焦虑症、脾气暴躁，导致家庭或工作关系紧张，最终心理崩溃。

其实我们每天都不应烦恼，昨天有太多的失落，明天则有太多的阻滞。境由心生，以愁肠百结的心态看任何东西都只会是晦暗一片；一颗自信快乐的心脏每搏动一下都是一个新的希望，都是一段新的征程。

犹太裔心理学家维克托·法兰柯在第二次世界大战期间被关进纳粹死亡营，遭遇极其悲惨。他的父母、妻子与兄弟都死于纳粹魔掌，唯一的亲人只剩下一个妹妹。他本人也受到严刑拷打，朝不保夕。

有一天，他赤身独处于囚室，忽然之间顿悟，产生了一种全新的感受，他发现自己还有选择如何面对的能力。他在脑海中设想各式各样的状况，譬如说获释后与妹妹团聚时喜悦的心情，获释后如何站在讲台上，把这一段痛苦折磨所获得的宝贵体验，告诉千千万万的人。

凭着想象与记忆他不断磨炼自己的意志，直到心灵的自由终于超越了纳粹的禁锢。这种超越也感召了其他的囚犯，甚至狱卒。他协助狱友们在苦难中找到意义，寻回自尊。

处在最恶劣的环境中，维克托·法兰柯运用难得的自我意识，发掘出人性最可贵的一面，那就是人有"选择的自由"。由此可见，人完全可以通过选择积极的态度而减轻外界不良刺激对自己的影响程度，从而避免烦恼或痛苦。去寻求最好、最有利于结果的积极的态度，正是人进行心理调适的基本原则。

那么，我们有什么办法让自己受烦恼的影响最小吗？答案当然是肯定的，我们可以通过调节自身心态来抵御外界的干扰，不受烦恼的控制，或者说把烦恼带给我们的负面影响降到最小。

一、打开自己

人类是奇妙的生物，可以思考，可以有这么丰富的感情。但是由于每个人的际遇、遭遇的不同所以造成诸般差异，每个人对待生命、情绪、烦恼等主观的意识便产生了诸般不同。要摆脱烦恼的第一步就是打开自己，把自己当做大海，容纳百川。只有打开自己，与外界连接在一起，接受差异，才可以为以后摆脱烦恼做好心理准备。

二、说服自己

佛家说：命由己造，相由心生，世间万物皆是化相，心不动，万物皆不动，心不变，万物皆不变。也就是说，所有的烦恼都是自找的，皆由心魔而起，战胜自己便是摆脱烦恼。所以要想摆脱烦恼就要说服自己承认烦恼皆是从自己心中所发，皆是自己所造。

三、改变自己

改变自己是困难的，正因为困难，才区分出人与人之间的毅力、决心的强弱高低，以致各人的优劣便显现出来了，所以要想摆脱烦恼就要比别人更加努力。改变要由内及外，先从内心认同，然后从行动上表现出来。改变自己好比凤凰涅槃，重生后视人世间种种困惑皆不为迷惑。

四、坚守自己

我们生活在一个利欲熏心的世界里，我们失去了自己本来的面貌，我们不知道自己究竟背负何种使命。当我们做出改变、以求摆脱烦恼的时候，外界便来干扰。首先我们要意识到这是一个必然的阶段。我们面前是两条路：一条充满诱惑，花香鸟语；一条凄苦冷清，荆棘遍地。坚守自己势必困苦，但是光明的前方就在不远处。

五、提升自己

在烦恼、压力、能力三者之间，能力增强了，压力就成为一种游戏了。例如，当一个人能够举起120公斤的时候，再去举一个普通的哑铃就会感觉轻松自如，只能把它当做锻炼身体的工具了。所以，能力增长之后，压力就会化于无形，成为一种良性挑战。

总之，烦恼由心起，须得自心灭。当你被烦恼困扰时，调整心态，并采取一些有效的方法，你的人生境界势必会提升，烦恼也不会给你造成太大的困扰了。

 杨安谈总裁管理

领导者就是在烦恼中成长。想要管理好自己的烦恼情绪，需要兼顾外在和内在的努力。让两个方向的努力得到相对的均衡也很重要。

放下抱怨，摆正心态勤努力

有位哲人说："这个世界上最多的'东西'不外乎两种：穷人和抱怨，而且两者之间存在着鸡和蛋的关系——贫穷（抱怨）孕育了抱怨（贫穷），抱怨（贫穷）又孵化了贫穷（抱怨）。人们越穷越抱怨，人们越抱怨越穷。"这句话虽然有失偏颇，但也有一定的道理。我们之所以抱怨，就在于我们认为抱怨能为我们带来某些好处，比如同情、认可和优越感。但就像哲人说的那样，事实上我们不仅"越抱怨越穷"，还会由于抱怨招致一连串的麻烦，到头来，我们反倒成了抱怨的最大受害者，以至于身心俱损，事业无成。

作为一个现代企业领导者，如果总认为这个世道对自己不公正不公平，由此产生抱怨，那他就是一个不称职的领导者。因为抱怨无法改变现实，更会使自己变得颓废，企业也不会获得好的发展。

美国有一个著名的心灵导师名叫威尔·鲍温，他发起过一项"不抱怨"运动，邀请每位参加者戴上一个特制的紫手环，只要一察觉自己抱怨，就将手环换到另一只手上，以此类推，直到这个手环能持续戴在同一只手上 21 天为止。不到一年，全世界就有来自 80 个国家、600 万人热烈参与了这项运动，学习为自己创造美好的生活，让这个世界充满平静喜乐、活力四射的正面能量。通过这项运动，很多人为自己创造了心想事成的无怨人生！

威尔·鲍温对于"抱怨"问题很有研究，他写过一本书叫《不抱怨的世界》，这是一本心灵励志书，该书用大量贴切生动的事例详细阐述了抱怨的本质，抱怨的危害，以及放弃抱怨的步骤和方法。我们不妨结合威尔·鲍温的观点，来谈谈一个企业领导者如何做到放下抱怨。

一、放下抱怨，要有宽广的胸怀

威尔·鲍温在《不抱怨的世界》一书中指出，"抱怨就是自夸，就是让自己显得更优秀，当我指出你缺点的同时，就暗示我没有这方面的缺点。"抱怨实质上是一种不健康的心理状态，其目的就是掩饰自己的错误，推卸自己应该承担的责任，凸显自己比别人强。企业领导者在工作中经常出现这种情况，总是感觉自己领导的团队水平不行，有这样那样的缺点，没有得力的助手和干将帮自己实现宏伟理想。

实际上，每个人都有优点和缺点，自己的判断未必一定准确，领导的职责就是在于用人所长，避人所短。当一位企业领导在到处抱怨自己团队无一可用之才的时候，可能就是自己不称职，因为只会锦上添花的人不是一个优秀的领导者，而充分整合挖掘现有团队的潜力，克服各种困难取得成功的人才是真正优秀的领导者。

不仅如此，任何人的成长都有一个过程，作为一个企业领导者应该负有建设团队的责任，而不是抱怨团队成员有种种缺点和不是。只有放下抱怨，在自己的带领下，使自己的团队人才辈出，个个能干，这才是聪明的领导，这才是成功的领导。

事实上，引领和培育企业团队，需具备"海纳百川、有容乃大"的胸怀，关心员工，加强沟通，营造出大气谦和、精诚合作的工作氛围，这样才能够从胜利走向胜利，从成功走向成功。

二、放下抱怨，要有敢于面对的勇气

放下抱怨，并不是一件容易的事，是需要巨大的勇气和决心的。威尔·鲍温在《不抱怨的世界》一书中指出，"我们抱怨，是为了获取同情心和注意力，以及避免去做我们不敢做的事。许多时候，我们并非意识不到这一点，但就是不愿意直面，并且积极做出改变，有时候，随着心理的惯性，也不知道如何改变"。因为，人们都喜欢做自己擅长的事情，对自己的缺点往往讳疾忌医，有意无意地逃避。

有位哲人说过："人一生最大的敌人不是对手，而是自己。"企业领导者在工作中，肯定会遇到种种困难和诱惑，很可能在不经意间走进抱怨的怪圈。这时候是选择抱怨还是选择直面克服，就成了一个人失败和成功的分水岭。作为一名企业领导，只有与抱怨做彻底地决裂，才能创造出良好的工作环境、人际环境，才能冷静思考，找出破题的答案，才能推动企业的和谐发展。

三、放下抱怨，要持之以恒

抱怨就像吃饭和睡觉一样，如果不能彻底放下，就将伴随人的一生。只要遇到困难或挫折，抱怨的情绪就会爆发。放下抱怨和改变其他旧习惯同样也需要钢铁般的意志和耐心，需要持之以恒。

当今世界正处在大发展、大变革、大调整时期，企业的经营理念和经验方式都发生了深刻变化，人们思想的独立性、选择性、差异性、多变性也明显增强，企业领导者在工作中面对各种挑战和考验也会越来越多，这就更应该坚持不懈，努力地用积极的眼光去认识事物，去处理问题。

当你坚持努力做一个不抱怨的人的时候，你就会发现你变了。当你能一直坚持下去的时候，用不了多久，你的人际关系会变得更正面，生活中的矛盾冲突变得更少，你的人生变得更加充实而快乐，你的事业也会出现前所未有的光明前景。而当你成为不抱怨的人的时候，企业中的所有成员都会其乐融融，社会也将变成快乐幸福的海洋，国家的各项事业前景也会更加辉煌灿烂。

总之，放下抱怨是智者的豁达。成为一个不抱怨的人，我们就等于提升了标准，为他人树立了典范。生活是很公平的，即使你最初拿了一手坏牌，只要摆正心态，不自暴自弃，不把自己埋没，就一定可以带领企业走向辉煌，创造出属于你的人生奇迹。

杨安谈总裁管理

生命对于我们来说，不是一截短短的蜡烛，而是绚丽的火炬，我们必须把握机会，让它燃烧的极尽灿烂，再传递给更多的人。

放下狭隘，宽阔胸襟万里天

墨家创始人墨子曾经说："溪陕者速涸，逝浅者速竭。"意思是说，狭隘的小溪干涸得快，水浅的川流枯竭得快，坚硬贫瘠的土地不会长出五谷。可见，没有兼容之心的人是很难获得众人支持的。对于现代企业领导者来说，应该克服狭隘心理，具有虚怀若谷、包容万物的胸怀，善于听取不同的意见，虚心学习别人的长处，有效地利用"外脑"，来成就大业。

狭隘心理是严重制约领导力提升的因素之一。什么是狭隘心理？狭隘心理是指在心胸气量和见识等方面，有所局限，对他人缺乏宽容、缺乏理解，甚至是怀有敌意的心理品质。领导者如果说心理狭隘的话，就会拒贤妒能，就会无事生非，更会在判断、组织协调、科学决策，以及识人、用人方面大大降低甚至完全失去领导影响力。

拿破仑称得上是一位伟人，但是正是因为他心胸狭窄，失去了世界霸主的地位，以失败而结束了他传奇的一生。

1803 年的某一天，美国发明家富尔顿来到了金碧辉煌的凡尔赛宫，他刚发明了蒸汽机铁甲战船，正兴致勃勃地向拿破仑建议，用之取代当时法国的木制舰船。毫无疑问，蒸汽机铁甲战船比木制战船要先进得多，威力也不可同日而语。眼看拿破仑就要被富尔顿说动，准备采纳富尔顿的建议时，突然拿破仑脸色陡变，两眼放射出难以抑制的怒火，眼睛直逼向富尔顿。结果合作告吹了。

莫名其妙的富尔顿也许永远不会知道，他失败的原因完全在于他毫不在意地顺口恭维了拿破仑一句："伟大的陛下，您将成为世界上真正最高大的人！"在这里，富尔顿想表达的是"高贵""崇高"的意思，但他一不留神把法语的"高贵""崇高"一词说成了"高大"，恰恰富尔顿自己身材高大，这一下正好击中了拿破仑最自卑、最害怕被别人嘲笑的生理短处——个子很矮。拿破仑又自卑又嫉恨，他当时对高个子的富尔顿咆哮道："滚吧！先生！我不认为你是个骗子，但认为你是十足的蠢货！"

在这之后，富尔顿的发明专利被英国购买，自此英国凭借强大的海军，确立了世界海上霸主的地位，法国却远远落在了后面。直到20世纪30年代末，爱因斯坦在建议美国总统罗斯福迅速研制原子弹的信里，偶然间重提旧事："总统先生，如果1803年拿破仑接受了你们的富尔顿关于建造蒸汽机军舰的建议，今天的世界格局将不会是这样！"

拿破仑仅仅因为容忍不了别人无意间使用的"高大"一词，就拒绝了一项伟大的发明，也失去了一个称霸世界的绝好机会。因为他心胸狭窄，所以他失去了一个时代。

由此可见，狭隘，是领导力有效发挥的大敌。对于狭隘心理，鲁迅先生曾经极而言之地说某些人的心态是"最好是地球上只有我和一个漂亮姑娘，其他的人都死掉"。

企业领导者心理狭隘要不得。那么怎样克服狭隘心理呢？从实践上看，要想摆脱这种狭隘的心理困扰，提升领导能力，就必须从以下几个方面做出努力。

一、在调整心态方面，要注重宽容为怀

作为一名企业领导者，宽大为怀是领导风度的体现，假如以德报德、以怨报怨，以牙还牙，就不是领导的风度，就是缺少领导者的胸

怀。一个领导者要有博大的胸怀、雍容的气度，要能听得进不同的意见，包括逆耳之言，容得下各种各样的人搞"五湖四海"。这就兼具有广度和高度两个维度的容人之道。

所谓广度，一是胸怀宽广，容人的雅量，能领导比自己某方面能力更强的人，因而能带出一个"狼的团队"，而不是"羊的团队"；二是学识广泛，经验丰富，知道的东西总是比下属多，预见的事情也总是比别人多，因而总是能把握方向，引导团队朝正确的方向前进；三是交际广泛，左右逢源，由于心胸宽广，不会轻易发脾气，总是能"开口便笑"，因而容易与领导、同事和下属相处和交流，有利于工作的开展。

所谓高度，一是目标高，眼光远，把工作当成事业来做，重视经营个人品牌，珍惜在每一个企业的工作历练，重视的是企业所能提供的发展平台；二是乐观向上，俗话说"兵熊熊一个，将熊熊一窝"，人的情绪是可以传染的，如果带团队的经理人总是悲观、消极的，那么这个团队必然是无可救药的；三是思维高度，看淡权力，看淡利益，一方面作为领导者要善于授权，善于激发下属自我实现的欲望；另一方面不要争权斗利，做自己该做的事情，把本职工作做好做漂亮。

宽容不仅是高尚者所具备的修养，更是一种处世的原则。宽容别人就是在宽容我们自己，我们在宽容别人的同时，也为自己营造了和谐的氛围，为心灵留下一点缓和的余地，这便是宽容定律！

二、在用人方面，不要妒人贤能，要做到人尽其用

企业领导者要想让企业获得发展，"人才战略"不可小觑，在这之中，最不该发生的事情就是领导妒人贤能，害怕"功高震主"。假如对有才能的人心怀怨妒，视而不见，这是领导者对自己驾驭能力信心不足的一种表现，属于"小气干部"。这种领导干部使平庸者得意，贤能者

受气，德才兼备者不得不拂袖而去。

用才之能，企业领导要在充分了解和掌握人才的个性特点之后，将其安排到合适的工作岗位，并辅之以系统有效的激励手段，使人才的特长与潜能得到最大限度地发挥。古人云"物尽其用，人尽其才"，说的就是这个道理。你领导会不会用人，就能看出你是不是一个合格的领导。

要想人尽其才，一是要合理地使用人才，不仅要将人才与非人才区别开来，而且还要善于区分出能力较大与较小的人才，并根据人才能力的大小给予适当的职位；二是在使用人才时，应该将人才安排在适合发挥其长处的位置上，以便充分发挥其作用；三是充分调动人才自身的积极性，给予充分的信任；四是建立合理的人才结构，这是发挥每一个人才应有作用的关键；五是合理流动、适才适所，人才流动的过程，也就是人才队伍创新的过程；六是公平竞争、激励先进；七是爱护人才、留住人才。

三、在竞争方面，拒绝恶意竞争，要参与竞合博弈

在某些行业中，当价格杠杆失衡的时候，企业与企业之间往往会陷入恶意竞争的窠臼——只有攻击对手，才能打破竞争僵局，并彰显自己。另外，企业有时是为了抢夺市场份额，扩大自己的销售，有时也是为了树立新的行业标准，让竞争对手陷入万劫不复的地步。之所以出现这些现象，都与企业领导者狭隘的心态有直接关系。

唯一能够获得双赢结果的竞争，就是竞合竞争，这是企业领导者参与竞争时应该确立的正确的指导思想。企业领导者只有在思想上克服过分竞争的弊端，树立合作竞争思想，不要打击竞争对手，按照行业规范操作经营活动，才能彻底摆脱狭隘，最终实现双赢。

总之，放下狭隘，心宽，天地就宽。只有远离狭隘和偏见，才有人与内心的和谐，人与人的和谐，人与社会的和谐。

 杨安谈总裁管理

心胸宽广者如海，心胸平常者似河，心胸狭小者像沟渠。只有摆脱狭隘心里，你才能收获一片广阔的天地。

放下犹豫，提升你的行动力

任何犹豫都是行动的大敌，因为人生伟业不在于能知，而在于能行，因此绝不可犹豫不决。这个世界总是以你所做的事情来衡量你，没有人会通过了解你的思想、情感来认定你的价值。哪怕你的确是一个天才，也只能通过你的行动、你的成就来证明你的存在和你的实力。

曾经有一位非常成功的企业家，有人问他："请问你为什么会成功？"

企业家回答："马上行动。"

那人又问："当你遇到挫折时，你会怎么办？"

企业家回答："马上行动。"

那人又问："当你情绪低落时，你会怎么办？"

企业家回答："马上行动。"

那人再问："除此之外，你其他的成功秘诀还有哪些？"

企业家回答："马上行动。"

"马上行动"，这看起来非常简单的 4 个字，集中体现了一个企业领导者高效的行动力，其中也包含了取得成功的全部秘诀。

行动力是确保决策落实的唯一途径。作为企业之间竞争力强弱的重要环节，行动力是实实在在、可触可感的，而且强弱态势和个中差距都很明显。提高企业领导者的行动力，关键是要从以下 7 个方面下功夫，使行动力具有时效性、灵活性和持续性。

一、识人、用人能力

俗话说"人心隔肚皮"，可见能真正认识一个人是很难的，能知道别人的心思更是难上加难。如何察知人才的真才实学，如何让员工的知识能量得到最大的发挥，如何做到知人善任、各尽其才，如何用较简单的管理取得较大的绩效，如何驾驭员工、建立优秀的团队……这些问题都是错综复杂的。关键是领导者要不断揣摩和总结，最终寻找到一个行之有效的办法。

二、科学决策能力

高效行动力的另一个要素是决策水平高。在残酷的市场竞争环境下，企业领导者的伟大在于关键时刻能做出正确的决策。通过科学细致地思考，制定出具有前瞻性的战略决策，就能在市场上领先一步，抢占到制高点，并保持永不落后于市场的局面。相反，如果目光短浅，只顾眼前，缺乏长远思想和深谋远虑，其结果只能是永远当"追随者"，永远在别人后面当"跟屁虫"。

三、团队协作能力

在当今的商业社会，只要一个组织的大多数员工团结一致、授权充分、相互协作，其绩效一定可以超越那些等级森严的组织。做一个成功的领导，要通过协作性或推动性的组织和激励方法影响员工，使之采取能使他们发挥最大潜力、达到最高绩效的行动的能力。习惯于发号施令的领导者也许能实现短期的绩效目标，但只有具备协作领导力的领导者才能激励整个组织将卓越贯穿于始终。

四、领导学习能力

对于今天的企业领导者而言，学习已经成为不可忽视的一种需要，做一个成功领导者要爱学习，会学习。时间在流转，我们在一天一天的变老，世界却在一天天更新，我们与世界的差距在不知不觉间扩大。于是，我们知道自己的生活需要知识的填充，需要知识的完善和积累。所以，学习已经成为企业领导者必须要做的事情，甚至可以说，领导者的学习能力成为企业竞争和职场竞争的决定性因素。

五、人际交往能力

每一个企业领导都会面临至关重要的人际关系问题，学会处理人际关系，不光是在生活上为你提供帮助，更是在事业上为你添砖加瓦，帮助你早日成就人生理想。搞好人际关系是一门艺术，所有的人都需要不断地学习和实践，才能臻于娴熟。领导者要掌握为人处世之道：知人不必言尽，留些口德；责人不必苛尽，留些肚量；才能不必傲尽，留些内涵；锋芒不必露尽，留些深敛；有功不必邀尽，留些谦让；得理不必争尽，留些宽容；得宠不必恃尽，留些后路；气势不必倚尽，留些厚道；富贵不必享尽，留些福泽；凡事不必做尽，留些余德。倘若不懂得这些人际关系的奥秘，便无法面对，更谈不上享受人际关系这种便利了。

六、领导授权能力

"授权"比"命令"更重要也更有效，不过做好授权最重要的就是权力和责任的统一。即在向下属授权时，既定义好相关工作的权限范围，给予被授权者足够的信息和支持，也定义好它的责任范围，让被授权者能够在拥有权限的同时，可以独立负责和彼此负责，这样才不会出现管理上的混乱。

七、资源整合能力

在经济重洗牌、利益大调整的时代，整合优势资源已成为企业做强做大、保持和提升核心竞争力的首要任务。企业领导者需要发现资源的眼光、灵活挖掘资源的手段、增强开发资源的能力、利用资源的艺术嗅觉，最后建立绩效自助平台，创造出新的奇迹。

总之，企业领导者将上述方法落到实处，就可以有效提高行动力，也就不再是一个犹豫不决的领导者了。

 杨安谈总裁管理

立即行动是所有成功人士共同的特质。认准了的事情，就不要优柔寡断；选准了一个方向，就只管果断上路，不要回头。机遇就像闪电，只有快速果断才能将它捕获！立即行动起来，就会成功无限！